商品房销售超级训练手册

（实战强化版）

陈信科　编著

人 民 邮 电 出 版 社

北　　京

图书在版编目（CIP）数据

商品房销售超级训练手册：实战强化版／陈信科编著．—北京：人民邮电出版社，2014.3（2018.5重印）
ISBN 978-7-115-34680-3

Ⅰ.①商… Ⅱ.①陈… Ⅲ.①商品房—销售—手册 Ⅳ.①F293.35-62

中国版本图书馆 CIP 数据核字（2014）第 026872 号

内容提要

本书精心挑选了商品房销售过程中常见的代表性问题，采取情景模拟的形式，通过“错误应对”、“情景解析”、“正确应对示范”三大模块，全方位展示了售楼人员应当了解的销售策略与销售技巧。通过阅读本书，读者可熟练掌握商品房销售技巧，轻松应对客户的各种异议，快速提升自身的销售业绩。

本书适合售楼人员（房地产销售代表）、相关培训机构以及有志于从事商品房销售工作的人士阅读、使用。

◆ 编　　著　陈信科
　责任编辑　庞卫军
　责任印制　杨林杰
◆ 人民邮电出版社出版发行　　北京市丰台区成寿寺路 11 号
　邮编 100164　　电子邮件 315@ptpress.com.cn
　网址 http://www.ptpress.com.cn
　北京虎彩文化传播有限公司印刷
◆ 开本：800×1000　1/16
　印张：18.5　　2014 年 3 月第 1 版
　字数：200 千字　　2018 年 5 月北京第11次印刷

定　价：39.00 元

读者服务热线：（010）81055656　印装质量热线：（010）81055316

反盗版热线：（010）81055315

广告经营许可证：京东工商广登字20170147号

前　言

目前，我国房地产销售机构众多，从业人员数量也日益增长。房地产销售代表这一职业入行门槛低，这使得大多数人认为这个职业很简单，只要能够吃苦耐劳就肯定能做好。怀有这种想法的人，每天兢兢业业、加班加点，节假日也很少休息，却往往不能取得令自己满意的成绩。即使是已经有多年销售经验的售楼人员，也经常面临着如下诸多困惑：

为什么客户明明很喜欢这套房子却不肯购买？

为什么我每天都很热情地接待客户，销售业绩却无法提高？

为什么即使给客户的价格已经很实在，客户还是要拼命还价？

为什么很多客户只看不买，该怎么说服他们？

为什么同事的老客户会帮他们介绍新客户，而我的老客户却从不和我联系？

……

在实际工作中，很多售楼人员由于欠缺相应的销售技能，经常用不合理的方式与客户进行沟通，从而导致新老客户不断流失，自己的销售业绩自然也就无法提升。事实上，要想成为一名优秀的房地产销售代表，勤奋固然不可缺少，但更重要的是要掌握获取成功的方法和技巧。本书作者依托多年来的商品房销售实践与培训经验，收集整理了大量售楼工作中经常遇到的问题，又选取了一些实用的典型案例，用通俗易懂、生动活泼的语言表述出来，帮助读者在实际工作中随时应用，真正做到“现学现用”。

随着近两年房地产调控政策和限购政策的相继出台，市场形势和消费者心态正在慢慢改变，销售难度日益增加。基于此，我们修订了《商品房销售超级训练手册》一书。该书第1版于2012年出版，出版后深受广大读者的欢迎。许多从事房地产销售行业的朋友看了本书以后，通过来信、来电、留言的方式与我们探讨了商品房销售方面的知识，同时希望能增加一些新的、与时俱进的内容。修订后的《商品房销售超级训练手册（实战强化版）》内容更加完善，全书按商品房交易流程分为以下六大模块：

○做个热情周到的主人　　○“号”准需求“巧”推介

○适合的房子才是最好的房子　　○别让价格成为成交的绊脚石

○突破最后的成交障碍　　○点滴抱怨也要用心对待

《商品房销售超级训练手册（实战强化版）》在原书的基础上做了如下更新。

第一，采用了“错误应对＋情景解析＋正确应对示范”的写作模式，使读者阅读起来更加方便。

第二，在每一个情景的后面都增加了一段“点评”，简洁地揭示了该情景的应对技巧和关键点。

第三，增加、修改和替换了大量的情景案例，使本书内容更加贴合新政策下的市场形势和消费者心态。

在本书的编写过程中，范志德、陈梅凤、陈信林参与编写了本书的第一章，魏玉兰、陈信洪参与编写了本书的第二章，杨国盛、张秀玲、林碧、许坤棋、巫许云参与编写了本书的第三章，谢芬芬、曾建宇、王毅毅参与编写了本书的第四章，吴文生、卢广平、王阿星参与编写了本书的第五章，陈海全、陈信科、杨文良参与编写了本书的第六章。全书由陈信科统撰定稿，由陈春洁担任顾问审核。由于作者水平有限，书中难免存在不足之处，恳请广大读者批评指正。

目　录

第一章 做个热情周到的主人

情景1：接听售楼热线时，接得过快或过慢

新开楼盘比比皆是，客户是没有办法一个一个地看完所有项目的。他们往往会打电话到售楼处，先咨询了解一些楼盘的基本情况，以此决定是否有必要前来售楼处面谈。确切地说，接听电话是售楼人员接待客户的第一步，如果不能正确地接听这些电话，很有可能就此失去成交机会。

错误应对

1. 电话铃声一响就接听。

点评：电话一响就接听，容易使对方误认为你太在意这通电话或者因生意清淡而正百无聊赖。

2. 电话铃响超过三声后才接听。

点评：电话铃声响起后，虽然不能马上接听，但也不能让客户等太久。要知道客户的耐心是有限的，电话都响过三声以上了才去接，会令客户觉得没有得到应有的尊重或者并不被你重视，等你拿起听筒时，听到的恐怕只有客户的埋怨或者已挂机的声音了。

情景解析

接听售楼热线有许多具体要求。有的售楼人员认为，电话铃声一响就应该立即接听，这样才能显示出你对客户的尊重。事实上，这种做法是错误的。

一般来说，人们在打电话的时候，心里总有许多猜测，猜测对方在干什么、在想什么。如果在电话铃声响起后就马上接起电话，客户会认为你现在正无所事事或者你

对客户的电话太在意了，为防止自己成为被“捕捉”的焦点，他们会小心翼翼地咨询或者回答你的问题。而如果电话铃声响了很多次以后你才去接听，客户就会有不被尊重的感觉。

要稳住客户，又不至于失礼，我们就应该选择在最适当、最完美的时机接起电话，而这个时机就是“电话铃声响到第三次”的时候。

当然，售楼处的电话一般都不止一部，而售楼人员只有有限的几个人，并且还要接待现场的客户，在特殊情况下有可能在超过三声后才能接电话，这时要对客户表示歉意，请求对方谅解，如“不好意思，让您久等了”。

正确应对示范1

（在电话铃声响到第三次的时候接听）

售楼人员：“您好，××售楼处。请问有什么可以帮到您?”

客　　户：“请问你们那儿有100平方米左右的小三居吗?”

售楼人员：“……”

点评：接听客户电话时，接得太急有失矜持，接得太慢又会显得不够在意，而最适当、最完美的时机，应该是电话铃声响到第三次的时候，这才是不急不缓的节奏，才能让客户体会到你对事态的掌控能力，从而有利于沟通的顺利进行。

正确应对示范2

（在电话铃声响起三次后才接听）

售楼人员：“您好，××售楼处。先生，不好意思，让您久等了，请问有什么可以帮到您的?”

客　　户：“报纸上说你们元旦搞活动，一平方米优惠多少钱啊?”

售楼人员：“……”

点评：能在电话铃声响到第三声的时候接听自然是最完美的状态，但毕竟会有特殊的情况发生，这个时候一定要对客户表示歉意，请求对方谅解，千万不能让客户误以为你是在故意怠慢他。

情景 2：接听售楼热线时，不知道为什么客户突然不高兴了

很多售楼人员对电话的感觉是又爱又恨：爱的是这个沟通工具可以给自己带来良好的生意契机；恨的是只要稍有不慎或不注意，就可能引起客户强烈的不满，甚至导致客户无情地挂断电话。那么，在接听售楼热线的时候该注意哪些方面呢？

错误应对

1. 不注意接听电话的礼节，过于随意。

点评：电话礼仪对于售楼人员而言是一门必修课，因为售楼人员自身的礼仪和素质直接关乎着楼盘的形象。售楼人员在接听电话时稍有不慎就可能引起客户的不满，甚至会被客户无情地挂断电话。

2. 接听时没有注意姿势，像与朋友通电话那样随便。

点评：电话沟通主要是通过声音进行的，但是你的姿势会影响到你的气息、语调，进而会让客户深切地感受到你的态度。过于随意的接听姿势，会让客户感觉到你对他的不尊重。

3. 客户打电话来找同事，随便应付了事。

点评：一听到是找自己同事的就敷衍了事，会让客户对你和你所服务的楼盘产生不良的印象，不利于维持稳定的客户关系。

4. 在客户之前先挂断电话或挂断电话后不自觉地说口头禅。

点评：一些口头禅在面对面交流时看起来无伤大雅，但却不能随便用于电话沟通中。因为不合适的口头禅会让客户觉得你不尊重他，从而对你的素质表示怀疑，并对你以及楼盘产生反感。

情景解析

在接听售楼热线时，售楼人员应时刻注意相关的电话礼节，礼貌待人、尊重客户，做到语言文明、态度文明、举止文明，给客户留下一个好印象。

1. 主动问好

需要注意，接听售楼热线不同于平时与朋友之间的电话交流。有些售楼人员可能会一拿起电话就问："喂，你找谁？"这是极为不礼貌的行为。

在接听售楼热线时，要首先问候客户，并自报家门，如"您好，这里是××售楼处"，或者"早上好，××售楼处为您服务"。一般而言，早上十点之前可以说"您早"、"早上好"，而到了十点以后就要改用"您好"了。

2. 语言文明

（1）多使用文明用语，如"您好"、"谢谢"、"很抱歉，让您久等了"等。使用文明用语不但可以给客户留下良好的印象，而且还能迅速让客户认同你。

（2）善用"请"这个字，这样可以让电话另一端的客户有被尊重的感觉。

（3）在通话过程中，要仔细倾听客户的讲话，尽量避免打断对方。为了让客户知道你在认真倾听并已理解他的意思，可以不时地以"对"或"是"进行回应。

（4）如果在接电话时有同事或者现场的客户向你搭话，可做手势让他稍等，待挂断电话后再与其交谈。绝对不可在接听客户电话的时候与其他人搭话，如果万不得已，也应先向对方说明后，再用手捂住电话，以免引起误会。

（5）如果客户的声音太小，导致你无法完全听到或听不清楚的时候，你可以有礼貌地说："对不起，我听不太清楚您的讲话，您声音能不能大一点？"而不是毫无礼貌地向对方大喊："大声点，我听不清楚。"

3. 态度文明

请记住，通话的对方是我们的"上帝"，我们要通过电话来传递我们的友好、热情，这样才能使每一位与你交谈的潜在客户成为你真正的客户。

（1）接听电话时应态度和蔼，不能以不耐烦的口气来对待的客户。

（2）注意控制自己的情绪。客户是来寻求你的帮助，不是你的倾诉对象，更不是你的发泄对象。因此，请不要把任何不愉快的情绪带到工作中来。

（3）如果电话忽然中断，要立即回拨，向客户表示歉意。

（4）避免使用口头禅。

4. 举止文明

别以为电话交流时客户看不到你，你就可以不注意举止文明。例如，有的人喜欢把话筒夹在脖子下，趴着、仰着打电话，或把双腿高架在桌子上打电话，以笔代手去拨号，或用粗暴的举动拿电话机撒气等。虽然电话另一头的客户看不到这些动作，但却可能给现场的客户或其他工作人员留下极差的印象，使企业、个人的形象大打折扣。

（1）保持端正的姿势。在接听电话的过程中，你应始终保持正确的姿势。即使是一个懒散的姿势，客户也能够感觉出来。因为，如果你打电话的时候姿势不够端正，客户所听到的声音就是懒散、无精打采的；反之，如果你的姿势是端正的，那么所发出来的声音必定会是亲切悦耳、充满活力的。因此，即使是在电话里与客户交流，也要尽可能注意自己的姿势。

（2）在打电话的过程中，不能吸烟、喝茶、吃零食，不允许对着话筒打哈欠、咳嗽、肆无忌惮地大笑。

5. 礼貌转接

如果客户要找的人不是你，你仍要保持礼貌的态度。

（1）客户要找的人正好不在，应询问客户是否有急事需转告，并及时地将客户的留言记录下来，以免时间长了忘记转告给他人。

（2）当客户要找的人抽不开身时，你可以向客户表示歉意：“对不起，他/她现在有事情无法接电话，我让他/她晚点给您回电话，可以吗？”

（3）如果被找的人正在离电话较远的地方，就要请客户稍等，并说明要对方等候的理由，然后再去叫被找的人。离开时，应该轻轻地把话筒扣在桌面，不能大声地喊叫被找人的名字（大声地喊叫既不尊重客户，也会干扰其他同事的工作），应该走到被找人身边小声地告知。

（4）被叫人接听电话时要向客户道歉，请求客户的谅解：“对不起，让您久等了。”如果被叫人不能马上回来接听电话，那么接电话的人应立即折回向客户说明原因，并告诉客户，他要找的人处理完事情就给他回电话。

6. 礼貌结束通话

通话结束后，要向对方表示谢意，以给对方留下好印象。有些售楼人员在通话结束后，会从嘴里脱口而出一些口头禅以释放自己的压力。其实，这是很不礼貌的行为，售楼人员应该加强自身的修养，保持良好的形象。

正确应对示范

1. 接起电话时

“您好，这里是××售楼处！”

点评：电话沟通中客户虽然看不到你，但是却能通过你的声音感知到你的态度。声音清晰洪亮，表达完整清楚，自然会给客户留下良好的第一印象。

2. 询问客户姓名时

“您好，我是小陈，请问先生/小姐您怎么称呼？”

点评：自报家门后还应该及时地询问客户的姓名，这样才便于在之后的沟通中正确称呼对方。

3. 客户打电话找人时

“对不起，他/她现在（对方要找的人）不在，有什么事我可否帮您转达？”

“请稍等！我帮您把电话转给他/她！”

“我明白了，我会帮您转达！”

“好的，请稍等一下，他/她马上来。”

点评：客户要找的不是自己而是同事时切不可态度冷漠，同事的客户就是楼盘的客户，同样要热情接待。

4. 电话中断回拨时

“对不起，刚刚电话不知道怎么断了。您刚才是问我们楼盘什么时候交房吗？”

点评：不管电话是因为何种原因中断的，售楼人员都应该及时回拨，并向客户表示歉意，只有这样才能让客户体会到你对他的尊重。

5. 准备结束通话时

“好的，再见！随时欢迎您到我们售楼处来参观！”

点评：电话沟通时一定要注重礼仪，自始至终都要让客户体会到你的礼貌、尊重，因为这将影响到客户对你和楼盘的第一印象。

情景3：客户在电话中询问楼盘情况，不知该如何回答

客户打电话到售楼处，通常是为了了解一些情况，以此作出是否前来售楼处洽谈的决定。对此，很多售楼人员觉得左右为难，掌握不了分寸，不知道该如何才能吸引

客户前来售楼处。

错误应对

1. 客户问一句自己回答一句，被客户牵着鼻子走。

点评：售楼人员在整个销售过程中所起的作用是引导客户，而不是被客户引导。上面这种做法太过于被动，客户很可能在获得自己想要了解的信息之后就挂断电话，售楼人员却没有得到任何有价值的信息。

2. 把楼盘所有情况都详细向客户说明。

点评：事无巨细地向客户做说明容易遗漏推介的重点，如果通过这次电话沟通无法将客户的兴趣及时提起来的话，就更不要指望能约客户前来售楼处参观和面谈了。

3. 没有及时邀约客户前来公司进一步面谈。

点评：售楼人员接听客户电话的根本目的就是要引发客户的兴趣，令客户觉得有当面洽谈的必要，吸引其前来售楼处洽谈。如果不能及时有效地作出邀请，那么就等于浪费了这次通电话所占用的时间和所带来的机会。

情景解析

在接听售楼热线时，应尽量使用统一的销售口径回答客户提出的问题，否则，每个售楼人员的口径不一样，就容易引起客户的质疑。因此，售楼人员要全面了解和熟悉自己楼盘的情况。对新客户的来电，要事先估计其可能提出的问题，背熟所需要介绍的内容；对老客户的来电，则要有针对性地答复，绝对不能一问三不知。

1. 熟悉“答客问”

一般楼盘都制作有“项目答客问”资料，以统一销售口径。售楼人员应背熟公司准备好的“项目答客问”等资料，做到有备无患。对于公司即将发布的广告，售楼人员应事先了解其内容，仔细研究如何应对客户可能提出的问题。

2. 化被动为主动

回答客户问题时要小心谨慎，因为在电话里你可能不太了解对方的表情和心理。如果你能化被动接听为主动介绍、主动询问，用问题去回答对方的问题，很可能会激起对方的好奇心，引导对方前来参观和面谈。

（1）在回答客户问题时，最好不要客户问一句你才回答一句，被客户牵着鼻子走。当客户提出问题时，不要急着回答，而应婉转地发问，引导客户说出自己的需求或引发客户的欲望。所以，有分寸地提问题很重要，咄咄逼人很容易失去客户。

（2）对于一些楼盘书或广告上有的情况你可以向客户介绍，至于一些较敏感的话题（例如折扣等），可告诉客户有些情况自己还不是很清楚，如果客户方便的话，最好是亲自到售楼处来一趟。

（3）关于楼盘的情况要适当保留，如果你在电话中就将所有的情况全盘告知客户，那么就很难引起客户的兴趣，更不要指望客户到现场来了。

（4）有些问题你可以先不回答，可以告诉客户你需要询问主管以后才能给予答复，这样你就有了以后给客户打电话进行跟踪的理由了。

（5）宣传楼盘的时候不要夸大其词，要不温不火、有理有据。

3. 巧妙回答

通常客户在电话中会问及价格、地点、面积、户型、付款等方面的问题，售楼人员在回答时要将楼盘的卖点巧妙地融入对话中。

（1）关于地点。

客户在决定是否购买的时候，通常所考虑的第一要素就是地段。为此，你必须对楼盘所处的地理位置有一个明确的认识。

请记住，对于地段，不可只是简单地知道它位于哪个区、哪条路，而是应该对该地段的地理特征了如指掌，甚至包括该地段附近有什么设施、有什么显著建筑物、有哪几条公交线路都应该清楚。

回答关于楼盘地理位置的问题时，应掌握相应的技巧。相同的地理位置，采用不一样的解说，就会有不一样的结果。例如，对于某些地段，如果你只是简单地说出区位，客户可能会提出“太远了”、“太偏了”之类的不满；而如果你能补充性地告诉客户“距离××商业中心只有五分种车程”、“那里的公交线路有十多条呢，56 路、205 路、103 路、11 路等都经过这里”，那客户对该地段的认识就会更为深刻，甚至会大大淡化了其对于路程远的印象。此外，对于一些较为偏远的地区，你还可以以“高教区”、“重点市政规划区”、“升值潜力”等隐含的优势条件去引导客户。

（2）关于户型。

户型也是客户在购房时关注的焦点。地段是客户对大生活环境的选择，户型则是客户对居家小环境的选择。不同的客户有不同的需求，有的人由于经济能力等原因而选择小户型，而有的人则会由于家庭结构等原因而选择大户型。对此，你不但要清楚楼盘的所有户型，还要掌握各种户型结构知识，并能准确地表述出它们的特点。对于一些特殊、新出现的户型结构，例如复式、跃层等，你更应该加以注意。

（3）关于价格以及付款。

一般来说，这是客户在购房时最关心的问题。当然，客户一般也不会直接告诉你他能接受的价格是多少。在回答有关价格的问题时，还可以运用一些简单而有效的心理战术，因为客户通常会对接收到的信息作出直觉反应。例如，对于单价高的小户型，尽量报总价而不报单价；对于单价低的大户型，则应报单价而不是总价。这样，客户对于价格的抗拒心理就会降低很多。

4. 控制时间

回答客户问题的时间不宜太长，平时可控制在 3～5 分钟，时间过短对方会听不清楚你要表达的意思，时间过长对方会感到厌烦；谈话重点可以适当重复，以便进一步明确问题；楼盘广告上市期间的来电较多，这时更要缩短谈话时间，一般以 2～3 分钟为宜，如果对方问题比较多，可邀请其到售楼处详谈。

正确应对示范

售楼人员：“您好，××售楼处，很高兴为您服务！”

客　　户：“你好，你们那儿的房子现在一平方米卖多少钱？”

售楼人员：“先生，请问您如何称呼？”

客　　户：“我姓张。”

售楼人员：“您好，张先生，我姓王，您叫我小王就可以了。张先生，我想您也知道，不同的楼层、不同的户型其价格都是不一样的。我们现在是每平方米13 000元起。”

客　　户：“那你们的具体位置在哪里呢？”

售楼人员：“张先生，我们楼盘在××区××路这边。这里交通和生活都非常便利，紧邻××大厦、××酒店，周边有××广场、××超市。请问您想要什么户型呢？”

客　　户：“两居或小三居的都可以。”

售楼人员：“张先生，我们这里现在新推出85平方米的两居和108平方米的小三居，而且还有一系列促销活动。您不妨来我们售楼处看看，我可以给您详细介绍。”

客　　户：“好吧。对了，你们什么时候可以交房？要太晚交房我就不去了，我要赶着结婚用呢。”

售楼人员：“张先生，那我先恭喜您了。我们第一期今年6月份就可以交房了。您看您是上午来还是下午来？”

客　　户：“下午吧，上午我还有点事。”

售楼人员：“好的，张先生，那我下午会在售楼处专程等候您的。我们售楼处在×

×区××路××号，也就是××小学对面。您知道这个地方吗？”

客　　户：“知道。”

售楼人员：“为了方便联系，我们互留一下联系电话好吗？我的电话是××××××××，请问您的电话是？”

客　　户：“好，我的电话是××××××××。”

售楼人员：“好的，张先生，那我们下午见。”

点评：房产交易动辄几百万元，购房对于客户而言是一个重大决策，妄想通过电话就直接达成交易是不太可能的。而电话沟通的主要作用就是要让客户对这个楼盘产生兴趣，从而才有可能前来售楼处参观洽谈。所以说，在电话中售楼人员不能事无巨细地向客户做推介，而应该正确把握客户的关注点并及时约见。

情景4：接听热线时向客户索要电话号码，客户不愿意告知

为了便于日后的客户跟踪工作，在接听售楼热线时，应尽可能地获取客户的姓名、联系方式以及其他一些基本信息。可是，很多客户都不愿意提供这些信息，该怎么办呢？

错误应对

1. 客户不想说就算了。

点评：客户的电话号码是非常重要的信息，它是打开交易之门的一把钥匙，只有拿到了客户的电话号码才能方便接下来的联系、约谈。无法获取客户的电话号码，基本上就等于放弃了这个客户，除非客户对你的楼盘非常有兴趣，主动前来售楼处找你。

2. 对客户说公司规定需要留下个人信息，让客户留下电话号码。

点评：一听这话，客户脑海里就会蹦出“霸王条款”几个字，就更不愿意留下电话号码了。

情景解析

在与客户进行电话沟通时，客户的姓名通常比较容易获得。例如，当我们自报家门以后，可以略微停顿一下，给客户一个自报家门的机会。如果客户想说，在你说完之后他很快就会说出来；如果客户没有主动告知，那么不妨请教客户：“请问您贵姓?”或者“请问，先生/小姐您怎么称呼?”出于礼节，客户通常是会告诉你他的姓氏的。

相比姓名，获取客户的联系方式则是一件比较困难的事情。很多客户为了避免被售楼人员打扰，总是不愿意留下自己的联系方式，而是告诉你：“先不留电话了，如果有兴趣我会去你们售楼处的。”此时，你可以采取以下一些方法，以获得客户的联系方式。

让客户留下电话号码的几个小方法

（1）以方便及时反馈最新信息为由，让客户留下电话号码。

“先生，您留个电话号码吧，我们的价格表出来后，我会第一时间通知您的！”

“我们过段时间会有个促销活动，届时会推出一些特价房，您可以留下个电话，我好通知您！”

（2）以听不清为由，让对方留下电话号码，待会儿给他打过去。

“对不起，今天我们售楼处人太多了，我听不清楚。方便的话，您可以留下电话，等会儿我打给您！”

（3）以邀请客户参加活动为由，让其留下电话号码。

“先生，我们最近有个客户推介会，您不妨留个电话，等活动确定下来我就通知您。”

（4）以某个问题自己不清楚，要查询或咨询经理为由，请客户留下电话号码。

“对不起，这方面我不是很清楚，需要询问一下我们经理。请您留下个电话号码，问清楚后我会马上给您反馈的。“

（5）以现在忙为由，让客户留下电话，待会儿给他打过去（适用于那些暂时不方便前来售楼处，又急需了解楼盘情况的客户）。

“对不起，现在我这里有客户要接待，方便的话，您可以留下电话，五分钟后我打给您，解答您的问题！”

（6）对方不留电话，应尽量邀请他到售楼处参观面谈，可能的话，留下自己的联系方式。

“您最好能来我们售楼处看看，我们将给您更为详细地作个介绍。”

“我留个电话给您，如果您有什么需要，可以随时给我电话。我的电话是××××××××。”

正确应对示范

售楼人员：“您好，××售楼处，很高兴为您服务！”

客　　户：“你好，我看你们在报纸上登广告说推出10套特价房，这些特价房都是多少平方米，在什么楼层？”

售楼人员：“先生，请问您贵姓？我姓陈，您就叫我小陈好了。”

客　　户：“我姓张。你能详细和我介绍一下那几套特价房的情况吗？”

售楼人员：“可以的，张先生。只是我现在刚好有个客户在这边看房，他们也是看了广告之后赶过来的。方便的话，您可以留下电话，五分钟后我打给您，给您详细介绍一下。请问您的电话号码是？”

客　　户："×××××××××。"

点评：电话号码属于个人私密信息，向客户索要电话号码时一定要注意技巧，千万不能引发客户的不满或者不安情绪。

情景5：邀请客户前来看房时，客户却说没空或无动于衷

接听售楼热线的一个重要目的就是促使客户前来售楼处参观洽谈。可是，有些时候当售楼人员发出邀约时，客户却推说没空或无动于衷。对此，该怎么办呢？

错误应对

1. "好的，那您有兴趣就过来看吧。"

点评：这种应对方式太过消极，要知道，很多时候客户并不是真的没空，而是你的介绍可能出现了偏差，没能引起他对楼盘的兴趣。

2. "我们楼盘销售情况很好，您现在不来看房，以后可能就没有机会了。"

点评：这种说法是想制造紧张气氛，其初衷是为了能让客户尽快来看房，但是一定要注意使用的时机。在尚未获得客户的基本信任之前就使用此法，容易让客户觉得你是在耍手腕引诱他前来看房，客户反而会更加小心防范，甚至觉得这个楼盘根本不值一看。

3. "您有什么需要了解的，到我们售楼处详谈吧！"

点评：客户之所以会先打电话，就是想先了解一下情况，有兴趣了才会来和你面谈，而你却想把所有的沟通都留待见面时，这容易使客户误认为是你的楼盘没什么可推介的优点，更不愿接受邀请来售楼处面谈了。

4. “电话里也说不清楚，您来我们售楼处，我再给您介绍吧。”

点评：面对面的沟通确实比电话沟通更容易把事情说清楚，但客户之所以先打电话过来，就是想先了解一下情况，有兴趣了才会前往售楼处。如果客户一问情况，售楼人员就如此回答，客户心理肯定会犯嘀咕：为什么电话里什么都不肯讲，难道有猫腻不成？这样他就更提不起看房的兴趣了。

5. “这样吧，您看看什么时候有空到我们售楼处来，我们详细给您介绍。”

点评：这种回答一般见于已经向客户做了初步的推介打算约客户面谈之时。跟客户约时间时一定要具体，最好具体到几点。

情景解析

面对面的交流最有利于推销，而电话沟通效果在很大程度上决定了你能否得到与客户面谈的机会。对方能打电话咨询，说明他有一定的购买需求和兴趣。因此，在即将结束通话时，千万要记得约请客户前来售楼处参观面谈。

1. 何时邀约

一接电话马上就邀约客户前来售楼处面谈肯定是不合适的，客户很可能被你吓跑。一般情况下，在回答了客户 3 ~5 个问题，当客户还有其他问题想要了解的时候，或者在向客户透露了一些较有吸引力的信息后，售楼人员可以留点悬念，真诚地邀请客户前来售楼处详谈：“王小姐，房子好不好还是要到现场看了之后才知道，我建议您亲自来我们售楼处参观一下。”

2. 如何邀约

为了提高邀约的成功率，在约请客户前来看房时，尽量不要用开放式的提问方法，而要用封闭式的提问方法（给他限定）。

开放式：

“刘先生，您看您什么时候方便来我们售楼处？”

封闭式：

“陈先生，您是今天过来还是明天过来？”

“明天吧。”

“明天上午还是下午呢？”

“上午吧。”

“好的，我会专程等您的。”

在约请客户时，必须清楚地告知客户售楼处的详细地址，最好能说出具体的交通路线。如果客户不知道该如何到达售楼处，那么他就很有可能会选择放弃，除非他对这个项目非常感兴趣。如果必要的话，也可以与客户约定具体时间，并且告诉他你将专程等候。注意，在邀约客户时，如果可能，要和同事做好配合，尽量把客户约在同一时间段，“人气”是房地产项目能否成功的一个重要因素，让客户在现场充分感受到热销的气氛。

正确应对示范1

售楼人员：“早上好，这里是××售楼处！”

客　　户：“你们那里都有些什么户型？”

售楼人员：“先生，我们这里的户型很多，一居、两居、三居的都有，请问您需要的是哪一种户型？”

客　　户：“我要100平方米左右的。”

售楼人员：“请问您是几个人住呢？”

客　　户：“一家三口，父母偶尔会来住。”

售楼人员：“先生，那我建议您可以考虑考虑我们这里最畅销的小三居，面积是97平方米，三室一厅。它性价比高，且非常实用，最适合像你们这样的一家三口居住。先生，我们售楼处的资料比较齐全，并且有专人介绍，您不妨来现场参观一下，这样您也能够具体地了解一些情况。”

客　　户：“行。”

点评：千万不要幻想在电话中就能把房子卖出去，要记住，接听售楼热线的一个主要目的就是探知客户的关注点，以作出有针对性的推介，同时又要保留适当的神秘感，以此来引发客户对楼盘的兴趣，邀约客户前来售楼处洽谈。

正确应对示范2

售楼人员：“下午好，××售楼处!”

客　　户：“你们那里房子的价格是多少?”

售楼人员：“先生，价格是一房一价的，要根据房子的具体位置、楼层而定，我们的楼盘是13 000元/平方米起售。”

客　　户：“你们的楼盘在什么位置?”

售楼人员：“在××路与××路的交叉口，交通十分方便，周边环境也很好。请问您需要多大面积、什么户型的房子呢? 我可以简单地为您介绍一下。”

客　　户：“你们那有三室一厅100平方米左右的房子吗?”

售楼人员：“有的，先生，我们售楼处的资料比较齐全，并且有专人介绍，您不妨前来现场参观一下，这样您也能够具体地了解一些情况。”

客　　户：“好的。”

售楼人员：“请问先生您贵姓? 我姓陈，您叫我小陈就可以了。”

客　　户：“免贵姓张。”

售楼人员："张先生，请问您明天或者什么时候有空过来一趟呢?"

客　　户："明天吧。"

售楼人员："请问您是上午来还是下午来?"

客　　户："下午吧。"

售楼人员："好的，张先生，明天下午我会在售楼处等您，再见!"

点评：为了提高邀约的成功率，在与客户约定看房时间时，尽量不要用开放式的提问方法，而要用封闭式或者选择式的方法来提问。

情景6：客户进入售楼处看了一会儿，什么都不说就要离开

客户一进入售楼处，售楼人员就热情上前迎接，客户表示要先看看，便绕着售楼处看了起来。售楼人员还未做进一步的讲解，客户拿了几份户型材料什么都不说就要离开。难道这时候就只能笑着说"欢迎下次光临"吗？该怎么做才能留住这种客户呢？

错误应对

1. "请慢走，欢迎下次光临。"

点评：这样回答只是礼貌地迎来送往，完全没有对留住客户起到任何积极的作用。售楼人员这样消极被动的回答，只能坐看客户离去。

2. "您这么快就看完了？我还没向您介绍呢!"

点评：这样的说法有点报怨的意思，并不能成为客户留下来的一个理由，甚至你连客户离开的原因也无从知晓。

3. "来玩的吧。"（小声嘀咕）

点评：无论面对什么样的状况，售楼人员都应该保持平和的心态和积极主动的态

度。这种自我发泄的话一旦被客户听到，不仅会让客户对你个人产生不满，而且还会影响楼盘的整体形象。

情景解析

客户在售楼处停留的时间越久，对楼盘的了解就越多，就越容易产生购买欲望，也就越容易实现交易。因此，售楼人员应该设法挽留客户，让客户在售楼处停留更长的时间。

在实际销售过程中，客户看了一会儿就直接走人的情况屡见不鲜。客户之所以会离开，绝大部分是因为对楼盘不感兴趣，不想花时间去多了解。这时候，售楼人员要主动、真诚地进行挽留，请求客户告诉自己不喜欢的原因及真正的需求，或者可以给客户一个留下的理由，比如“花时间和精力看房选房是买房的必备功课”、“无论买不买都可以多了解一下我们楼盘”等。总之，要给予客户足够的尊重，让客户以一种轻松愉快的心情留在售楼处继续了解楼盘。

正确应对示范1

售楼人员：“先生，能请教您一个问题吗？”

客　　户：“什么问题？”

售楼人员：“很多客户来到我们售楼处，都会了解一下小区规划、户型结构和价格。我看您转了一圈就要走，是不是我们哪些方面做得不到位？”

客　　户：“也没什么，我想买小户型，可看了你们这边好像都是些大户型。”

售楼人员：“先生，不好意思，这可能是我们售楼处的设计不周。我们楼盘也有一部分小户型的，只是没有做成模型展示出来。来，我给您介绍一下……”

点评：*无论面对什么样的客户，售楼人员一定要真诚。以诚相待才能让客户愿意向你敞开话匣子，说出自己真实的想法。*

正确应对示范2

售楼人员：“先生，请您先别急着走，既然来了，买不买没关系，就多了解一下我们楼盘吧，我给您介绍介绍，您顺便给我们提提意见。”

客　　户：“不用了。”

售楼人员：“先生，您可知道，我们楼盘的一个最大卖点是什么？”

客　　户：“是什么？”

售楼人员：“我们所有户型都赠送有一个入户花园，这个入户花园是不计入销售面积的。”

客　　户：“哦，那赠送的入户花园面积有多大？”

点评：***客户需求不同、性格各异，关键是看你能不能有效地利用楼盘的优势挽留住客户。要知道，客户多停留一分钟就会对你的楼盘多一分了解，购买的可能性也会大大增加。***

情景 7：客户来找的那位售楼人员已经离职

房地产销售行业人员流动性大，售楼人员离职是很正常的事情。正常来说，售楼人员离职前要办好相应的交接工作，把之前所接待的客户交由新的售楼人员跟进。如果客户直接上门找之前接待他的售楼人员，而那位销售人员已经离职，你会怎么做？

错误应对

1. 那位售楼人员明明是自动离职，却告诉客户他有事或调职。

点评：***这样的说法容易欲盖弥彰，客户只要打电话给之前的售楼人员，就可以知***

道真相，而你只会给客户留下不诚信的不良印象。

2. 向客户表示其业绩不佳而离职或告诉客户其因为违反公司规定而被辞退。

点评：客户来找之前的那位售楼人员，可能并不是很在意他离开公司的真正原因，而你这样大张旗鼓地一说，则有落井下石之嫌，客户如果对之前的售楼人员印象不错，则会对你产生反感。

情景解析

无论之前接待客户的那位售楼人员因为什么原因而离职，我们都没必要对客户进行隐瞒或欺骗，只要如实告知其已经离职，由自己来接手便可。客户一般会对自己接触过的售楼人员有亲近感和信任感，如果对其进行诋毁或者使用一些不当之词，很可能致使客户对你产生反感。

同时，若客户之前已经来过售楼处，也和之前的售楼人员有过接触，说明其对楼盘已经有了一定的了解和兴趣。新的接待人员要懂得进行引导性的提问，探明客户对楼盘的了解有多少，对楼盘有什么看法，以及原售楼人员向其推荐哪套房子等，再根据情况进行解说，加强与客户的沟通互动，以便能进一步接近客户，快速获得对方的好感。接待结束后，要及时向公司进行反馈，表示这位客户已由自己接手。

正确应对示范1

售楼人员：“早上好，先生，请问您是第一次来吗？”

客　　户：“我之前来过，是小李接待我的。”

售楼人员：“不好意思，小李前天刚刚离职，我是置业顾问小陈，您有什么需要和不清楚的都可以找我，很高兴为您服务。”

客　　户：“上次小李向我介绍了一套八楼靠近中庭的房子，你再向我介绍一下。”

售楼人员：“靠近中庭的，请问是H户型那套三室两厅的房子吗?”

客　　户：“……”

点评：客户其实并不是很介意之前售楼人员离职的原因，而只是想说明自己并不是第一次来。这个时候，新的售楼人员就更没有必要在同事离职的原因上多做解释，只要你的推介令客户满意，客户不会对由谁来接待自己这个问题太过介意。

正确应对示范2

售楼人员：“早上好，先生，请问您是第一次来吗?”

客　　户：“我之前来过，是小李接待我的。”

售楼人员：“不好意思，小李上周刚离职，我是置业顾问小陈，他走之前还特意叮嘱我们一定要接待好他的客户。您有什么需要和不清楚的都可以找我，很高兴为您服务。”

客　　户：“小李离职了啊，他都没告诉我。”

售楼人员：“可能他走得比较急，他之前向您介绍过我们楼盘的大致情况了吗？需要我再介绍一遍吗？还是您已经有中意的户型了？

客　　户：“……”

点评：之前售楼人员的离职原因只需要用一两句话带过即可，现在客户既然归你接待，你的目的就是为其提供满意的服务，让其尽早地作出购买的决定。

情景8：客户带了好多人，接待时总是顾此失彼

有些客户在看房时，会带上亲朋好友同行，也有些客户是几个人聚在一起打算团购。售楼人员没有三头六臂，该怎么做才能照顾到每一个人，让与客户同行的人也满意呢?

错误应对

1. 专注接待目标客户一人，让随行人自便。

点评：看房的既然是一个群体而不是个人，就说明他们之间一定是可以互相影响的关系。无论哪位客户有了被冷落的感觉，都会感到不满，即便他们没有购买决定权，也会影响甚至左右客户的购买意愿，从而干扰售楼人员的销售工作。

2. 尽力招呼每一个人，却没办法好好与客户深入地交谈。

点评：让每一位客户都有好的体验当然是非常好的初衷，但是，售楼人员的工作毕竟是售楼，切不可本末倒置、丢了西瓜捡芝麻，客户或许还会因此质疑你的办事能力，这对你之后的销售工作极为不利。

3. 让同事帮忙接待，当着客户的面相互使眼色。

点评："使眼色"往往用于有些话不便明说的情况下。当着客户的面使眼色，很容易让客户误以为你们有不良企图，从而对你们失去信任。

情景解析

客户带着一行人来看房，几个人七嘴八舌，有些售楼人员看了这阵势，不知道该如何接待。其实，这种客户并不难应付，如果是两三个人，那么自己接待便可；如果有三个以上的客户随行，或者客户几个人打算团购买房，那么最好请正空闲的同事帮忙招待，避免冷落了任何一个人。

客户进入售楼处的时候，售楼人员首先要及时安排客户入座。待客户入座后，要记得给每位客户上茶水。在自我介绍和递名片的时候，要照顾到每一位客户，而不能单单给其中一位，这样很容易让其他客户感觉他们不受尊重。在介绍楼盘的时候，千万不要只对着潜在客户或者某一位客户讲解，而忽视对其他人的招呼应对，这样很容易让其他客户有被冷落的感觉，因而对你产生不好的印象，而这些人的看法和观点非常容易影响潜在客户。尤其在几位客户都是潜在购房者的情况下，更要做好招待工作，不能怠慢任何一位。

请同事帮忙招待的时候，不能当场纠正同事在与客户交流过程中所发生的错误，也不能当着客户的面一直使眼色。这些虽然都是细节问题，但是关系到一个销售团队的精神风貌和楼盘形象，一定要时刻注意。

正确应对示范

热情招呼所有人入座，准备茶水和点心，为其他同行人提供一些公司宣传资料或者杂志，然后单独与客户开始交谈，期间可以时不时地招呼下其他人，留心注意周围人的情况，及时为他们添加茶水、询问是否需要其他服务等。如果售楼处还有其他闲暇的同事在场，也可请这些同事代为招待随行人员，为他们看茶倒水，与他们寒暄几句。

点评：周全招呼客户的方法其实有很多，并一定非要跟每一个人交谈。售楼人员锁定目标客户之后，招呼随行客户休息或者翻看相关资料，其实就是一种区分对待的好办法。这样，既保证了与目标客户有相对独立的交谈空间，也可以让随行客户有一个不错的体验。

情景9：客户是朋友或熟人介绍来的，不知如何接待

有人帮忙介绍客户是好事，不过有时候这种客户也够让售楼人员头疼的。相比起来，大家更乐意接待老客户介绍来的新客户，而对朋友或熟人介绍来的客户却感到左右为难。尤其有些客户不了解行情，售楼人员明明已经尽最大努力给了最大优惠，他们还嫌售楼人员“不够有诚意”。面对这类特殊的客户，该如何接待比较好呢?

错误应对

1. 和接待其他客户一样，一视同仁。

点评：和接待其他客户一样接待朋友或熟人介绍来的客户，很容易招致对方的不满，甚至会招致朋友或熟人的不满。

2. 让其他同事帮忙接待。

点评：朋友或熟人给你介绍客户，你却推给其他同事，以后谁还敢介绍客户给你呢？

3. 直接告诉客户自己只能帮他们这么多了，如果感觉合适的话就买。

点评：话虽实在，不过这也要看对方的性格。如果是朋友或熟人自己前来，这样接待倒还好；但是如果这样接待朋友或熟人的朋友，对方可能会认为你不乐意接待他、帮助他。

情景解析

朋友或熟人介绍客户给你，首先，你要在适当的时候打电话通知他，感谢他对自己的信任和支持，并表示会尽最大努力让客户满意；其次，多向朋友了解一些这位新客户的信息，如购买意向、预算、性格等。

和新客户初次见面，可以直接称呼其“陈先生/陈总”之类以拉近距离。接待时要表现出十足的热情，不时地夸一下朋友或熟人的优点，说一些“张先生是个很豪爽的人，对人很好”之类赞美的话。同时，感谢他们的信任，表示“既然您是张先生介绍来的朋友，我肯定会尽心尽力为您服务的”。然后仔细询问客户的需求，结合先前从“张先生”那里索得的信息，有的放矢地向他推荐。但是，不要轻易作出承诺，因为承诺最后不能实现的话，不仅会对销售不利，还会影响朋友或熟人对你的好印象。

当销售进入价格谈判阶段时，新客户肯定会要求你帮忙争取优惠。在情况允许的条件下，可以尽力为其争取一些优惠，以便让新客户成为你的忠诚客户或者让其继续为你介绍朋友来。当客户要求折扣的时候，你要保证尽量为其争取，然后让经理给他打电话，说“根据××售楼人员的申请，公司决定给您优惠×××，这是最大让步了”。这样一来，客户就能感受到你的真诚，你的朋友或熟人也会觉得你“够朋友、够义气”。

正确应对示范1

售楼人员：“张总您好，虽然没见过面，但您的大名我可是经常听到啊，王总经常在我面前提起您，说您为人实在，而且事业做得很大。”

客　　户：“哪里哪里，还是王总的生意大，我这只是小打小闹混口饭吃而已。”

售楼人员：“张总，您可真谦虚。对了，您这次准备买多大的房子?”

客　　户：“三居的吧。小陈，我对房地产可是外行，您可要好好帮我选一套好房子哦。”

售楼人员：“放心吧，张总，您是王总的朋友，也就是我的朋友，我一定会尽力的。”

点评：阿谀奉承虽然不好，但是适当的赞美却可以让人如沐春风。尤其是朋友介绍来的客户，有了朋友先前的铺垫，只要售楼人员表现出十足的热情，就很容易拉近与新客户之间的心理距离。

正确应对示范2

售楼人员：“张总，您觉得这套房子怎么样?”

客　　户：“嗯，楼层合适，户型也不错，就是价格太高了，您看看能不能再优惠点?”

售楼人员：“张总，您放心，我给您的已经是最优惠的价格了。您也知道，我们这个楼盘销售得很好，现在三居的也就剩十来套了。”

客　　户：“您帮我看看能不能找你们经理再要点折扣呢？”

售楼人员：“这样吧，大家都是朋友，我肯定会尽力帮您的，我再去向经理申请看看。不过，我只能保证尽力争取，不知道经理会不会同意。”

点评：当客户在价格方面提出要求时，即使能够满足也不能立即答应，因为你的爽快往往会被客户误认为尚有讨价还价的空间，而你的表现越为难，客户心里就越踏实。

情景10：感觉客户像是同行，问的问题很专业

售楼人员有时可能会遇到业内踩盘人员，因为他们问的问题很专业，言行与普通客户不太一样，非常容易辨别出来。如果售楼人员把时间花在同行身上，不但会影响自己的销售业绩，同时还可能把楼盘的部分秘密信息泄露出去，甚至是泄露到竞争对手那里。因此，售楼人员必须学习辨别及有效应对同行的方法。

错误应对

1. 感觉某位客户是业内踩盘人员时便急着摆脱他。

点评：这样的做法太过于武断，有些客户可能只是因为关注你这个楼盘有段时间了，对楼盘情况比较了解，所以问出的问题看上去比较专业一些。你这样粗暴应对，不但会失去很多准买家或潜在客户，而且会给客户留下一个不专业的坏印象。

2. 无论是不是业内踩盘人员，一律热情接待。

点评：凡事都不能一刀切，这种做法是非常危险的。一旦对方确实是业内踩盘人员，这样做一方面会浪费自己的工作时间，影响自己的销售业绩；另一方面，可能会把楼盘的秘密信息泄露出去，给公司造成直接或间接的损失。

情景解析

商品房销售过程中，特别是新开盘时期，同行前来踩盘的现象比比皆是。但是只凭观察或直觉来判断对方的身份，这种做法并不可取，售楼人员必须再做进一步的确认，以最终判断该客户到底是同行还是买家。

“赞美法”是一个非常有效的判断法则。心理学家指出，每个人都有被别人肯定和赞美的欲望，这是人的一种本性。因此，当你观察到或凭直觉认为某位客户像同行时，你就要对这位客户进行赞美。赞美要具体，事实证明，用“专业”两个字来进行赞美最具“杀伤力”。比如你可以这样说：“先生/小姐，您对房地产了解得真透彻，比我还专业，我真佩服您！有空得请您喝茶，向您讨教几招！”

一般情况下，真正的买家听到这种肯定及赞美后会非常高兴，他可能会说：“哪里哪里，我只是多看了些资料、多转了几个楼盘而已。”这时，售楼人员要抓住机会，询问他都看过哪些楼盘、对那些楼盘的感觉如何，以及对自己的楼盘有何看法等。通过客户的回答，再有针对性地介绍本楼盘的优点和可以带给他们的利益。

如果是业内踩盘人员听到你说他“专业”，他很可能会认为自己的身份已经被你识破，会变得支支吾吾，再问他任何专业的问题，他不是装作不知道就是含糊其辞。对于业内踩盘人员，售楼人员应持开放的心态去对待，毕竟这种踩盘工作也是你需要做的（在针对竞争对手开展市场调研时）。如果对方不主动要求，你就不要急于接触，但应随时注意其动向，当他有服务要求时，应热情接待，并注意言行举止，不可冷眼旁观。要知道，即使是同行，他也可能有购房的需求，而且，这对于你来说也是一个学习的机会，你可以学习他们是如何做市场调研工作的。当然了，当售楼处来的客户比较多的时候，不可在同行那里耽搁太多时间，而应委婉地摆脱他，比如可以跟他说“这里有份楼书，要不您拿回去看看”，或“要不您回去考虑考虑”。调整状态后，接着再去接待新的客户。

正确应对示范1

售楼人员：“先生/小姐，您对房地产了解得真透彻，比我还专业，我真佩服您！有空得请您喝茶，向您讨教几招！”

客　　户：“哪里哪里，我就是多看了些资料、多转了几个楼盘而已。”（潜在客户）

售楼人员：“可以跟我说说您都看了哪些楼盘吗？我学习学习。”（挖掘对手信息）

客　　户：“……”

点评：俗话说“久病成医”，其实任何一行都是同样的道理。客户关注房子时间久了、看的楼盘多了，房产方面的知识也会慢慢积累起来。所以，看到客户提问的都是专业问题时也不能武断地判断他就是业内来踩盘的。适当的赞美是区分同行与买家的试金石：买家被夸专业时，他一定会表示谦虚，同时大大方方地向你敞开话匣子；同行被夸专业时，则会支支吾吾，担心身份已经被识破了。

正确应对示范2

售楼人员：“先生/小姐，我真佩服您，对房地产行业这么专业，我做这行都好几年了，也没您专业。”

客　　户：“还好吧，呵呵。”（突然变得支支吾吾）

售楼人员：“您刚才问我们这里的得房率，您有什么看法呢？”

客　　户：“这个我也不是很清楚。”（判定其为业内踩盘人员）

售楼人员：“对了，这里有份楼书，要不您拿回去考虑考虑？”（下逐客令）

点评：判断对方是同行后，售楼人员就应该及时从对方那里抽身去接待新客户，但是，离开的方式一定要温和。要知道，踩盘是每一个售楼人员的必修课，当你去别

的楼盘踩盘时，一定也不愿意被人撵出来。而另一个方面，如果对同行使用激烈的言辞，被其他客户注意到的话，也会对自己以及自己的楼盘造成一些不良影响。

情景 11：高峰期同时接待两个或两个以上的客户

在楼盘热销时期，或者在开盘、促销活动期间，售楼人员经常会遇到要同时接待两个或两个以上的客户的情形。可能你正在接待一位客户，另一位客户也走了进来，该怎么接待才合适呢？

错误应对

1. 立刻去招呼新来的那位客户。

点评：这种做法太不注重先来的那位客户，会让那位客户认为你看不起他。

2. 专心接待眼前的客户，让另一位客户自己先看看或等待。

点评：客户是上帝，如果你摆出这样一副爱答不理的态度，后来的客户一定会心有不满甚至生气离开。

3. 一会儿招呼这位客户，一会儿招呼另外一位客户。

点评：这样的做法并非不可取，但是在两位客户之间的转化一定要温和，不能让客户有被冷落的感觉，只有这样才能兼顾到双方并让每一位客户感到满意。

情景解析

售楼人员一人要同时接待两个或两个以上的客户时，要根据具体情况来进行协调。有些客户是可以被迅速送走的，比如有的只想要楼书和户型单页，有的只需要你回答一个问题。如果第一位客户的问题可以立刻解决，便迅速结束接待去招呼新来的客户；

如果第一位客户非常认真地想要了解更多信息，你可以向他表示歉意，并表明会马上回来，留下他继续观看楼盘模型或者户型单页，快速迎向新来的客户；如果第二位客户的问题无法立刻解决，便要争取让其他售楼人员帮忙接待。一般来说，凡事都有个先来后到，要同时接待两位客户时，以先到为尊。

正确应对示范1

售楼人员：“早上好，小姐，请先这边坐会儿，马上会有人来接待您。”（对新客户）

售楼人员：“小姐，您要的资料在这里，您还有其他疑问吗？”（对第一位客户）

客　　户：“没有了，我先把这些资料拿回去看看吧。”

售楼人员：“好的，小姐，这是我的名片，以后有事情随时可以找我。您方便留个联系方式吗？”

客　　户：“这是我的名片。”

售楼人员：“刘小姐，欢迎下次光临，再见！”

售楼人员：“不好意思，让您久等了，请问有什么可以帮助您？”（对新客户）

点评：上门的都是客，专注于接待先来客户的时候也不能对新来的客户置之不理。先来客户的问题如果能在短时间内解决，就一定要抓紧时间，但不能流于应付；转向接待新来客户的时候，一定要先表示歉意，以便让之后的沟通更加顺畅。

正确应对示范2

售楼人员：“早上好，小姐，请先这边坐。”（对新客户）

售楼人员：“不好意思，您先随便看看，我去招呼一下，马上就回来。”（对第一位客户）

售楼人员：“您好，我叫小王，请问您贵姓？”（对新客户）

客　　户：“免贵姓林。”

点评：如果其他同事也没有办法过来帮忙时，售楼人员可以先安抚好先来的客户，再接待后来的客户。新客户一进门就撇开先来的客户不管，或者将新来的客户晾在一边只专注于接待先来的客户，都是售楼人员的大忌，这样做的后果只会是让一方甚至两方对你的处事能力产生怀疑，从而影响整个销售过程的顺利进行。

情景 12：向客户讨要联系方式却被拒绝

正常情况下，与客户初次见面的时候，也就是尚未开始正式洽谈前，就应该向客户索要名片或联系方式，这个时候才是交换名片的最佳时机。然而，很多售楼人员都是在客户即将离开时才本能地递上名片，并希望客户留下联系方式，客户可能会觉得你的动机太明显，或者不想被打扰，就会拒绝留下联系方式，这时候该怎么说服客户呢？

错误应对

1. 既然客户不想留，就不强求了。

点评：不做任何努力就轻言放弃的售楼人员是消极的，这种做法很可能使你自己丢掉很多潜在客户。

2. 纠缠着客户，让其一定要留下联系方式。

点评：纠缠客户只会让其心生反感，说不定更加快了他离去的脚步。

情景解析

在售楼活动中，一般都要尽可能地让客户留下名片或联系方式，其目的主要是为了日后跟踪客户。毕竟，买房是件大事，看过一次房就下定的情况并不常见。可是，有些客户就是不愿意留下名片或联系方式，对此，有什么好的办法呢？

应该说，客户不肯留下电话，在售楼处是很常见的现象，原因主要有以下几种：客户担心售楼人员三天两头地打电话，影响自己的工作和生活；目前私人信息的泄露比较严重，客户相对较为谨慎；客户只是路过顺便看看情况，属于无意向客户；客户对售楼人员或其推介方式不满，不愿意留下联系方式；业内踩盘人员也会避免留下电话，以免给自己带来不必要的麻烦。

客户不愿留下联系方式的原因众多，售楼人员也许并不能清晰地界定出到底是哪种原因，但是有一点是肯定的，售楼人员要先向客户阐明“缘由”之后，再由客户决定是否留下联系方式。

一般来说，较为有效的说法有两种：一是说“我们楼盘会定期举行活动（精品房推介、礼品派送、促销、抽奖等），留下电话方便第一时间通知您”；二是表示“即使您对这个楼盘不满意，我也可以帮您推荐别的楼盘，我们这个区域内同行都认识的，可以帮您问问，到时再打电话给您，有认识的人还能给您优惠呢”。无论是哪种说法，都要向客户真诚地表示不会经常去骚扰他，只是在公司有活动或者有重要事情的时候才会联系他们。这样应该有很多意向客户愿意留下名片或联系电话。

正确应对示范1

售楼人员：“小姐，这是我的名片，您就叫我小陈好了，以后您有什么需要或不清楚的都可以来找我。”

客　　户：“好的”（客户收下名片后，并没有要拿出名片交换的意思）

售楼人员：“小姐，我们公司经常会举行一些促销活动，您可以留个联系电话吗？到时候我们将第一时间通知您。您放心，我们一定不会随意骚扰您的。”

客　　户：“好吧。”

点评：当客户没有主动交换名片的意思时，售楼人员千万不要轻易放弃，而应委婉地向客户说明留下联系方式的好处（比如有促销活动时可以第一时间通知等），并消除客户的疑虑（不会随意打扰），以让客户放松戒备心理，乐意将他的联系方式告诉你。

正确应对示范2

售楼人员：“王先生，您看了这么一会儿就要走啊，是对我们的楼盘不满意吗?”

客　　户：“我先随便看看。”（客户准备离开）

售楼人员：“我刚才见您好像对我们的楼盘不是很满意，没关系，我可以帮您推荐别的盘，我们这个区域内的同行都互相认识的，可以帮您问问有没有合适的，到时候打电话给您，有认识的人说不定还有优惠呢。这是我的名片，以后有什么疑问您都可以问我，我尽量给您提供一些有价值的信息。”

客　　户：“好，小陈是吧，这是我的名片，以后有疑问可就找你了啊。”

售楼人员：“没问题，欢迎您下次再来。”

点评：销售卖的是什么？其实卖的就是利益，是客户所能获取的利益。客户前来看房，其最想得到的利益无非就是买到一套称心又实惠的房子。当你主动向客户表示可以帮他获取利益时，客户一般不会拒绝你的相关请求。

第二章 “号”准需求“巧”推介

情景13：售楼人员要为客户讲解，客户却说只是随便看看

当客户进入售楼处时，售楼人员总会迎上去对客户说：“请问有什么可以帮到您?”然而却经常遇到客户回答“我随便看看”。如果任由客户随便看看，那么一个售楼处不用几分钟就能看遍，客户很可能就离开了；如果跟着客户继续讲解，又恐怕会妨碍客户。这时候，售楼人员该怎么做才最合适呢?

错误应对

1. “好的，那您随便看看吧。”

点评：这种任由客户“随便看看”的消极做法，最后只能是坐看客户离去的背影。

2. “那好，您随便看看，有需要可以叫我。”

点评：这种处理方式也属于消极应对的范畴。作为售楼人员，你不积极主动地向客户做推介，反倒要客户有需要的时候主动找你，实在是不应该。

3. “哦，这是我的名片，有需要的话随时可以找我。”

点评：递接名片也是要有一定的礼仪的，在交谈中过早地发送名片有失唐突，更有推销自己之嫌，容易让客户感觉不舒服，说不准转身就把名片丢了。

4. 觉得客户没有诚意，扔下客户不管。

点评：挑客户的售楼人员永远不可能有好的业绩。

5. 寸步不离地跟着客户。

点评：过度的热情会让客户感觉像是被监视，会给客户造成更大压力，客户本来打算看30分钟的，结果迫于这种压力，没有三分钟就会“逃离”售楼处。

情景解析

当售楼人员上前询问时，客户回答“我随便看看”，出现这样的情况很正常。客户想自己随便看看，有可能是对售楼人员有一种本能的防备心理，想先自行了解一下售楼处的环境和楼盘情况；也有可能是掩饰自己对房子并不熟悉的事实，希望通过先熟悉一下售楼处来缓解自己的紧张心情；当然，也不排除客户只是路过，一时兴起进来看看而已。

客户进门时，与之打个招呼准备讲解，是对他们的尊重，也是每一位售楼人员的工作职责。遭到客户的冷淡回应后，不管属于哪种情况，售楼人员都应保持积极处理问题的心态，尝试主动和客户沟通，以轻松的语气来舒缓客户的心理压力，再引导客户说出自己的需求，进行有针对性的讲解。具体来说，对于此类情景，主要有以下两种应对方式。

1. 直入主题

当客户表示要随便看看时，售楼人员先以轻松的语气表示对客户的认同，随后以向其介绍畅销户型或特价房等方式进行试探。比如可以这样说：“好的，那您自己先看看，熟悉一下我们的售楼处。不过我想向您介绍我们楼盘最近非常畅销的户型，不知道您有没有兴趣了解一下？”

当然，客户最终未必会对这些畅销户型或特价房感兴趣，但是话题却在不经意间打开了，售楼人员就有机会向客户推介楼盘和户型了。

⊙ **注意**

当客户表示要自己随便看看时，售楼人员千万不能寸步不离地跟着客户，或者对客户过度热情，这样反而会让客户无所适从，甚至产生反感而快速逃离。

2. 适当寒暄几句

所谓寒暄，其实就是寻找一个客户感兴趣的话题共同探讨，从而自然而然地拉近彼此距离，等到熟悉一些后再适时把话题切入到正题上。

可别小看了这貌似闲聊的“寒暄”，它能在交谈者之间搭起一座友谊的桥梁使人们之间的关系变得更加密切。巧妙的寒暄是交谈的“润滑剂”，是销售洽谈最好的铺垫，能营造出一种和谐的销售气氛。

寒暄的关键在于话题的选择。凡是能引起对方兴致的话题都适用于寒暄，如新闻、天气、风土人情、对方的专长和爱好等。

（1）新闻

“出门须知天下事”，售楼人员在每天开始工作之前，最好先打开电视或者收音机听听新闻，或者翻翻报纸了解一些当天所发生的新闻事件。只有熟悉最近国内外的重要事件，才不至于在众目睽睽之下问一些每个人都知道的“白痴问题”。以新闻为话题时，开头语通常可用以下几种：

“昨晚看电视说……”

“我刚才听说……”

“昨天发生了这么一件事……”

……

（2）天气

“天气”是最易于交谈的话题，因为人人都可以感受得到。以“天气”为话题，一般是在天气出现激烈变化的时候，比如刚入冬天气骤然变冷的时候、今年冬天下第一场雪的时候、出现罕见暴雨天气的时候等。以天气为话题时，开头语通常是可用以下几种：

“今天天气真不错啊！”

“这几天又降温了，真冷啊！”

"这段时间怎么老下雨啊!"

……

(3) 风土人情

常言道,"老乡见老乡,两眼泪汪汪。"现在的大城市,通常是五湖四海的人都有,一旦遇见老乡,大家通常会显得较为兴奋,至少会放松戒备心理。即使售楼人员与客户不是老乡,但如果能与之谈谈客户老家的情况,客户通常也会予以回应,从而就打开了话题。

当然,对于刚见面的客户,售楼人员是不可能知道他的祖籍的。对此,售楼人员可以从客户口音等进行判断,比如"先生,听您口音应该是山东人吧",这样,客户必定会予以回答,接着,再适当转入客户祖籍地的风土人情等话题。

(4) 对方的专长和爱好

俗话说,"酒逢知己千杯少,话不投机半句多。"在日常交谈中,人们往往喜于表达自己的专长和爱好。如果别人不经意间谈到你的专长和爱好,你就会产生一种莫名的亲切感,而且会滔滔不绝地讲个不停。

对于初次见面的客户,售楼人员可能不知道对方的专长爱好。但是,没关系,其实以"对方的专长和爱好"作为话题,最主要的是要让对方产生兴趣。因此,我们同样可以通过赞美的方式去接近客户。比如,"小姐,您这个包很漂亮,在哪里买的?我一直很喜欢这种包,但找了好几个地方都没找到……"

正确应对示范1

售楼人员:"您好,欢迎光临××家园。先生,请这边坐。"

客　　户:"不用了,我随便看看。"

售楼人员:"买房是要多看多了解,您可以先看看我们的楼盘模型,多了解一下我们的楼盘。来，我为您介绍一下……请问您想先了解楼盘的哪些方面呢?"

点评：客户表示要"随便看看"时，售楼人员可以通过短暂的"放任自流"给自己时间来对客户的性格、关注方向等作出大致的判断，从而使之后的推荐更有针对性。

正确应对示范2

售楼人员："您好，欢迎光临××家园。先生，请这边坐。"

客　　户："不用了，我随便看看。"

售楼人员："好的，那您自己先看看，熟悉一下我们的楼盘。这周我们新推出了十套特价房，价格非常优惠，不知道您有没有兴趣了解一下?"

客　　户："哦，有两居的吗?"

售楼人员："有啊，来，我给您介绍一下……"

点评：不管客户真的只是随便看看，还是找个借口不愿跟售楼人员多谈，售楼人员这种有重点的推介都会像可口的蛋糕一样，吸引客户驻足，以便详细了解情况。

正确应对示范3

售楼人员："您好，欢迎光临××家园。先生，请这边坐。"

客　　户："不用了，我随便看看。"

售楼人员："先生，您是闽南人吧?"

客　　户："您怎么知道的?"

售楼人员："呵呵，听您口音猜的。你们闽南人都很会做生意……"

点评：把握一个人的性格可能并不容易，但对某个人群的印象却往往是公认的。售楼人员这种对一个人群的赞美更容易唤起客户的认同感，也就更容易拉近与客户的距离。

情景14：探询客户需求时，客户却不愿意说

很多售楼人员与客户初次接触，就滔滔不绝地向其介绍楼盘的卖点和优势。其实，这是一种错误的做法。美国著名推销大师汤姆·霍普金斯说过：“只卖客户想要的房子，而不卖自己想卖的房子。”客户关心的永远是产品对自己的利益和好处，因此，在推介房屋前，售楼人员要先通过提问或其他渠道挖掘客户的购房需求，把客户的需求与楼盘能带给他的利益结合起来，这样才能激发客户的购买欲望。

错误应对

1. “请问您想买什么户型的房子，大概面积是多少？”

点评：这种询问方式有失唐突，专业的售楼人员应该在对客户的基本信息有一个大致了解之后，用带有推测性的语言来探询客户的真正需求或者关注点。

2. “请问你们对房子有什么要求？”

点评：一般而言，在客户对你产生信任之前，他是不会轻易向售楼人员透露自己的购房需求的。这样单刀直入地提问，只能让客户对你更加提防。

情景解析

有些客户会明确表达出自己的购房需求，如户型、面积、价格等。然而有些客户并不清晰自己想要买什么样的房子，或者说并不知道什么样的房子适合自己。面对这样的客户，售楼人员要主动地去探询和挖掘他们的真实需求和内心想法，这是销售工作的基础，也是非常重要的一个环节，很多售楼人员就是因为这个环节的工作做得不到位，导致业绩一直不理想。

这里所说的客户需求就是客户买房时的要求，挖掘客户的需求同医生看病一样，也讲究“望闻问切”，要通过观察、聆听、提问来了解客户的基本情况，如个人资料、家庭情况、工作情况、居住情况等，并探询出客户对楼盘的具体需求，如户型面积、小区环境、周边配套等。了解了这些需求之后，售楼人员在与客户沟通时就不至于忽视客户的感受，而一味地推介与客户需求不吻合的卖点，从而导致客户对你所谈论的楼盘毫无兴趣。

据调查，业绩好的售楼人员都有一个共同的做法，就是会根据人们的消费习惯设计出一系列的问题来了解客户的购房需求，例如，“您现在住的房子有多大面积，是几居的？”“您家里一共有多少人？”“您对现在住的房子最不满意的地方在哪里？”“您这次买房，认为什么是最重要的呢？”再通过观察客户和聆听客户的回答，判断客户的关注点和需求点。

为了让客户更乐意回答自己的提问，售楼人员在向客户提问题时最好要有前奏，就是要告诉客户，回答你的问题是必要的或至少是没有坏处的。如果你打算提出客户可能不愿回答的敏感问题，运用一个前奏就能有望改变客户的想法。比如问及客户的资金预算时，一般的客户都是不愿意告诉你的。这时你可以加一个这样的前奏：“为了给您推荐一套最适合的房子，我想知道您大概能够接受的价格水平是在哪个范围？”通过前奏就能有效地提醒客户，让客户了解回答这个问题的必要性。

正确应对示范1

售楼人员：“张先生，看您这么年轻，还没有结婚吧？”

客　　户：“我都结婚好几年，小孩都两岁了。”

售楼人员：“这还真看不出来，那您这次买房是一家三口住吗？”

客　　户：“是的。”

售楼人员：“请问您现在住在哪里？”

客　　户：“就在××花园。”

售楼人员：“我知道那个小区，您住着觉得怎么样呢？”

客　　户：“现在住的地方比较旧，而且也得考虑一下小孩上学的问题了。”

售楼人员：“对，小孩子成长环境非常重要，大人辛辛苦苦就是希望给小孩子一个好的学习和成长环境。我们小区附近就是全市有名的实验小学，您也知道，现在小孩上什么学校都是按片区划分的，为了让小孩能受到良好的教育，很多家长都来我们这儿买房呢。”（在认同客户观点的同时融入楼盘的卖点和优势）

售楼人员：“您打算买哪种户型、多大面积的房子呢？”

客　　户：“我和老婆商量过，买个小两居就够了，面积差不多80平方米。”

售楼人员：“你们一家三口，现在孩子还小，住个小两居既温馨又不浪费面积。您看，这套精致两居怎么样？”

点评：俗话说“买的没有卖的精”，客户对陌生的售楼人员总会有这样那样的顾虑，不愿说出自己的真实想法。售楼人员要想让沟通更加顺畅，就必须让客户对你建立起最基本的信任。在向客户提问时，一定要讲究技巧，带有推测性的探询更容易让客户打开话匣子，使交谈变得更加顺利和有效。

正确应对示范2

售楼人员：“张先生，真羡慕您，现在的家庭大多只有一个孩子，您却有一对可爱的双胞胎，您平时一回到家肯定很开心，家里热热闹闹的。”

客　　户：“开心是开心，但他们正是调皮捣蛋的时候，我们现在住的房子比较小，才80多平方米，他们每天都把玩具丢的到处都是，我们下班回家都不知道往哪儿坐了。”

售楼人员：“呵呵，小孩子很快就会长大的，80多平方米确实偏小了点。那您这次打算买多大面积的房子呢?”

点评：赞美是解除客户心理防线的非常有效的做法。售楼人员在与客户洽谈中，要适当地予以赞美，以获取客户的好感，消除客户的戒心。

情景15：想了解客户的购房动机，客户却顾左右而言他

客户的购房需求是指客户想买什么样的房子，即对房子的具体要求。客户的购房动机，则是指客户的购房目的，也是促使客户买房的真正动力。不同的客户有着不同的购房动机，有的人是为了小孩读书，有的人是为了结婚，有的人是为了投资，有的人是为了改善居住条件等。售楼人员在与客户接触的过程中，必须掌握他们的购房动机，这样才能进行有针对性的推介。

错误应对

1. 凭直觉判断客户的购房动机。

点评：直觉这东西太过于主观，在没有事实依据或有力说法支持的前提下，凭直觉来判断客户的购房动机，很可能会让自己的推介与客户的买房初衷背道而驰。比如客户打算投资，售楼人员却一直向客户推荐自住的好处和利益，客户自然不会感兴趣。

2. 直接询问客户是为了什么买房。

点评：如此唐突的询问只会让客户对你产生抵触，更不愿说出心里的真实想法，可能就会用一句“我先随便看看”来敷衍你。

3. 按照自己习惯的推介模式统一介绍。

点评：售楼人员如果有一套自己独特的推介模式是很好的，但是凡事不能一刀切，

面对不同需求、不同性格的客户，售楼人员一定要对自己的模式作出适当的调整，以便更有针对性。

情景解析

由于每个人的具体情况不同，不同客户的购房动机也会有较大的差别，售楼人员需要通过挖掘客户的需求来了解他们的购房动机，以便有的放矢地向他们推荐最合适的房子。否则，无论你的解说有多动听，客户也不会因此而动心。大致来说，客户的购房动机有以下三种：

（1）过渡型：此类客户主要以25～35岁的年轻消费者为主。他们刚走上工作岗位，储蓄有限，需要父母的经济支持，大多以银行按揭的方式付款。他们追求的是价格低廉的经济型住房，售楼人员应推荐如小三居、小两居、一室一厅的小户型等总价低的房子。

（2）改善型：这类客户大多是经济稳定的中年人，已经有一套住房，现在买房是希望提高生活质量，以追求环境和建筑品质为主，对户型结构、小区环境、物业管理等要求十分严格。因此，售楼人员应着重向他们展示楼盘的地段优势和小区环境卖点，比如小区会所、中庭花园等。他们买房追求的是物质和精神的双重享受，售楼人员应主要推荐三室两厅等大户型的房子。

（3）投资型：投资型客户一般考虑的是物业的价值趋向，关注的是楼盘未来的升值潜力。他们主要关心的是与小区相关的各方面数据，包括区域的发展规划、该地段物业的价值和销售价格、物业管理收费等影响物业升值和资金周转的相关数据。因此，售楼人员应着重向他们展示楼盘周边生活配套成熟、商业气氛浓厚、出租率高等优势，具体户型要视客户的具体情况而定。

正确应对示范1

售楼人员：“陈小姐，您这么年轻，孩子已经快上小学啦？”

客　　户：“是啊，明年就该上小学了。”

售楼人员：“那您这次买房是为了小孩读书，是吗？”

客　　户：“是的。”

售楼人员：“小孩子的教育的确非常重要，在不好的环境生活，对小孩的成长非常不利，我之前有位客户，就是因为听说买了我们这里的房子可以入读××小学，就全家人过来看房了。”（向客户介绍楼盘的好处）

客　　户：“……”

点评：拉家常是缩短与客户心理距离的非常好的方法，尤其是对于那些因为孩子上学而买房的客户而言，孩子的教育问题将成为你很好的切入点，你对教育问题的关注会让客户对你敞开话匣子。

正确应对示范2

售楼人员：“张先生，您对房地产这么了解，应该买了好几套房子了吧？”（探询客户购房动机）

客　　户：“呵呵，对房地产有些兴趣，经常会了解了解。”

售楼人员：“既然您是行家，我也不拐弯抹角了，您这次买房是打算投资呢还是买来自己住？”（直接询问）

客　　户：“你这么爽快，我也就直说了。我前段时间在另一个楼盘低价买了一套，如果你这个楼盘价格合适，我也可以再买一套。”

售楼人员：“您刚才看了我们楼盘，以您专业的眼光，觉得怎么样？”（探询客户的

关注点）

客　　户：“……”

点评：**不同类型的客户应该用不同的方式接待，如果客户本身对房地产这个行业有较多了解的话，售楼人员可以采用相对直接的交流方式而不必一味地讲求委婉。**

情景16：询问客户买房的关注点是什么，客户却说不知道

客户买房考虑的因素很多，如价格、面积、地段、交通、户型、朝向、楼层、采光、小区环境、建筑质量、开发商实力、物业管理等。每位客户的需求不同，一套房子不可能满足客户的所有需求，但是总有几个方面是他们最为关注的。客户重点考虑的这些因素，就是售楼人员必须特别重视的。因此，售楼人员要通过巧妙提问，判断出他们买房重点考虑的因素有哪些。

错误应对

1. “您怎么会不知道自己买房重点考虑的是哪些因素呢？”

点评：**售楼人员一定要少用甚至不用这种反问句，因为它容易引起客户的反感，同时得不到任何有用信息。**

2. “那您现在想啊，是注重周边配套、小区环境还是户型？”

点评：**这种要求客户当场作答的提问会让客户感觉到压迫感，容易引起客户的逆反情绪。**

3. “那您想好了再告诉我吧！”

点评：**这种应对有责怪客户的意味，作为售楼人员应该积极引导而不是消极应对。**

情景解析

通过询问客户买房时重点考虑哪些因素，可以有效收集客户的信息，了解楼盘的哪些利益对客户有吸引力。售楼人员可以从与客户的对话中察觉出他在买房过程中重点考虑的因素，从而针对他们的关注点进行推介。

有时候客户对此并没有经过思考，会不知道如何回答，售楼人员应懂得引导客户做出回答。比如，可以试图了解客户对现在居住地方不满意的地方和希望改进的地方，从中提炼出客户所考虑的重点因素。或者礼貌地告诉客户，了解这些情况可以帮助其找到更加适合他的物业，因此希望得到他的真实回答。接着，再根据客户的回答，肯定或者赞美客户，在以后的推介中，重点向客户阐述这些方面的利益和好处。例如，对于注重地段的客户，推荐时应强调楼盘所处区域的交通和市政设施；对于注重价格的客户，应推荐实用、性价比高的房子；对于注重环境的客户，则应强调小区绿化和生活配套等。

正确应对示范1

售楼人员：“张先生，您可以说说您买房时更看重哪些因素吗？”

客　　户：“肯定是房价了，现在房价这么高。”

售楼人员：“也对，现在的房价不低，对大家来说都是一个很大的压力。不过有一套属于自己的房子还是非常重要的，有了房子才有家的感觉，您说是吧。”

客　　户：“是啊，不过现在的房价真的贵得离谱。”

售楼人员：“其实一些小户型的房子总价也不高，您现在单身，首次置业买一套单身公寓或者小两居，不仅可以自己住，还可以当做一种投资，过两年经济条件允许了，就可以换大房子了。如果您真觉得总价高，您可以选择按揭，这样您的经济压力就不会太大。”

点评：了解了客户的关注点，你的推介才有了针对性，才能够做到有的放矢，才更容易让客户信服。

正确应对示范2

（客户表现出对小区的交通很关注）

售楼人员：“陈小姐，冒昧问一句，您上班的地方在哪儿，离我们这儿近吗？”

客　　户：“不远，就在××路的××大厦。”

售楼人员：“那您是开车上班还是坐公交车呢？”

客　　户：“坐公交车，以前住的地方交通不便，到公司要转一趟车，每天6点多就得起床了，坐一个多小时的公交车。每天来来回回地赶，累死了。”

售楼人员：“是啊，每天上班就够累的了，还要浪费两个多小时在公交车上，实在不划算。您放心，我们这里虽然不是市中心，但是交通非常便利，15路、60路、45路等都经过这儿，估计25分钟就能到您公司了。如果您住在这里，以后想开车上班的话更方便，顶多20分钟，而且这里很少堵车，开着也安全。”

点评：如果你对自己楼盘周边的配套设施了如指掌，会为你的推介加分不少。

情景17：客户不肯说出自己的购房预算

一套房子少则几十万元多则几百万元，对于大部分人来说买房都是涉及金额比较大的一次交易。一般情况下，客户是不会轻易说出自己的购房预算的。但是为了掌握客户的需求，为其推荐最适合的房子，售楼人员应该问清楚客户的购房预算。这种情况下，该怎么做才能得到答案呢？

错误应对

1. “您为什么不肯告诉我您的预算呢?”

点评：售楼人员最好少用甚至不用反问句式，因为它容易让顾客觉得你是在埋怨他，而且语气也太过于生硬，让客户感觉售楼人员很不耐烦。

2. “这很难讲吗？不就是一个数字?”

点评：这种问句太具有挑衅性，容易引起客户的逆反心理。

3. “您告诉我吧，否则我很难为您推荐合适您的房子。”

点评：道理是没错，但却缺少一个让客户抛开顾虑、可以信服你的理由。

情景解析

房子是一种高价值的商品，客户对价格自然有相当的敏感度，在其他条件基本相似的情况下，最终是否购买很多时候是由客户的经济条件来决定的。也就是说，客户在选择房子时，价格左右着他们的需求。因此，大部分人在买房前会有一个购房预算。不同的价格预算有不同的购房需求，售楼人员必须有针对性地区别对待，这样才有可能成功销售。

然而受到种种因素的影响，在没有互相信任的情况下，售楼人员是很难从客户口中得知其预算的。为了让客户抛开顾虑说出自己的购房预算，售楼人员需要耐心解释，降低客户的戒备心理，并给出自己的专业建议，从而获得客户的信任。

在与客户交谈时，售楼人员常常会发现有些购房者初次置业购房时，常会紧盯房价，却忽视了地段、物业、税费以及相伴而生的其他费用，造成预算一再超支，甚至形成买得起住不起的局面。为此，售楼人员要从专业角度出发，提供相关建议，帮客户制定合理的预算。

正确应对示范1

售楼人员：“张先生，您可以告诉我您的购房预算吗？”

客　　户：“不急，我先看看。”

售楼人员：“希望您不要有顾虑，我只是想让您对我们楼盘有一个更加透彻的了解。毕竟我们楼盘的户型很多，一一介绍的话恐怕会浪费您大量宝贵的时间，知道您的购房预算后，我还可以向您推荐最符合您要求的房子。”

点评：与客户交流的过程就是一个帮客户解惑、让客户对你建立基本信任的过程，这一步做好了，将会让之后的各个步骤水到渠成。

正确应对示范2

售楼人员：“张先生，您可以说说您的购房预算吗？”

客　　户：“还没决定，当然越便宜越好了。”

售楼人员：“是这样的，我们楼盘的户型面积从60～150平方米不等，知道您的大致购房预算，我可以向您推荐一些最符合您要求的房子。买不买都没关系，如果你在其他楼盘看到喜欢的房子，我也可以给您提供一些专业的建议，毕竟我就是做这一行的。”

点评：“以诚相待”是接待客户时必须持有的态度，只有诚心诚意，才能打动客户的心，使他能愉快地与你进行交流。

情景18：和客户沟通时，客户总是不爱言语

有些客户，在你与他沟通的时候总是一言不发，你根本不知道他在想什么，也不

知道他究竟想要什么样的房子，更不知道他对楼盘有什么看法。不了解他的想法，又如何为他推介房子呢？

错误应对

1. 客户不说就算了，他爱买不买。

点评：这种心态肯定不会有好业绩。客户不说，你就放弃了？

2. 苦苦追问客户，一定要让他说出来。

点评：苦苦追问只会引发客户的反感，而没法获得更多的信息。

3. 他不说话你也不说话，看谁耗得过谁。

点评：和客户斗气是没有意义的。客户大不了一走了之，而你却失去了一次销售机会。

4. 自顾自地说下去，买不买他自己定。

点评：客户有没有听进去不说，就算客户听了，根本抓不住重点，或者没说到他的心坎里。这样解说又有什么意义呢？

情景解析

在向客户进行项目推介时，切忌只说不问，要注意客户的反应，从而不断调整自己的介绍方式。你应该适当地与客户沟通，最好的方式就是通过发问让客户参与进来。

比如，很多售楼人员在介绍时，总是按照自己设定的一套流程旁若无人地说下去，根本没有考虑到客户有没有听明白你的介绍。其实，在介绍完一个重点内容时，你可以适当地停顿一会，问问客户：“您是否听明白了？”

再比如，你在介绍楼盘所处的地理位置时，你可以问问客户："请问先生您在哪个区域上班呢？"如果客户上班的区域与楼盘所处的区域很近或者交通十分方便，你就可以顺势说："那太好了，这里到您公司的交通十分便捷，小区门口36路、805路的公交车就可以到。"这样，你不但调动了客户的注意力，并且让客户更加清晰地感受到了楼盘在地理位置方面的优越性。

正确应对示范

售楼人员："王先生、王太太，我们马上就要到会所了。等会儿你们就会切身感受到我们小区会所的豪华气派，那里面各种娱乐、体育设施应有尽有。王太太，您的身材真好，一定经常锻炼身体吧。不知道您平时喜好些什么运动？"

客　　户："哦，我以前是做健美操教练的。"

售楼人员："王太太真是厉害啊，也难怪您的体型那么好，原来您还是一位健身教练。那您一定会喜欢上我们会所的，那里有专门的健身房和舞蹈场地。"

点评：**不管遇到何种性格的客户，售楼人员一定要积极主动。如果你没有主动向客户发问，客户是不会自己特意告诉你他的职业与爱好的。通过发问，你不但活跃了气氛，还获取了客户的爱好等重要信息。**

情景19：客户对售楼人员的提问不予理睬，无法了解其心思

售楼人员想通过提问多了解一些客户的想法和需求，可是客户对这些提问不予理睬，或者只是简单回答敷衍了事。放弃的话，心有不甘；继续跟进，就是得不到回复，无法了解其心思，这样的情况很令售楼人员头疼。

错误应对

1. 尽管客户不予理睬，还是一直不停地追问客户。

点评：这种自顾自的追问，就像要进入一个房间却没有找到门，就在那儿拼命地撞墙，结果只能弄得自己头破血流，屋里的人还会被你的愚蠢搞得更加烦躁。

2. 吃了几次闭门羹之后，就不再理会客户，只是坐在边上陪着客户。

点评：这样的做法太消极。不再理会客户自然更不可能探知客户的真正需求，而且，这样不动声色地“陪坐”，很容易被客户理解为监视，对整个销售更为不利。

3. （用带有情绪的话语质问客户）“您不说出您的想法，我怎么帮您?”

点评：这种质问是把责任都推给客户的一种消极做法，只会令客户暗生不满，很可能中断谈话或直接走人，较真的客户还会向现场经理投诉你的不当行为。

情景解析

客户对售楼人员的提问不予理睬总是有理由的，找到理由，然后对症下药就可以使问题迎刃而解。客户不想理睬售楼人员的原因不外乎以下几点。

第一，客户的性格所致。有些客户本身就少言寡语，不轻易表达自己的意见和看法；另一类则是较为理性的客户，他们比较相信自己的判断，在看房和选房时都有自己的见解，不喜欢也不太信任售楼人员的介绍。

第二，客户故意装出来的。这种战术在兵法上就叫做“不战而屈人之兵”，也就是故意对售楼人员不理不睬，从心理上击败售楼人员，从而占据主导权，为以后的谈判或了解信息获得更多主动权。

第三，客户对楼盘了解不够。客户想自己先看看，了解个大致情况后，遇上不明白的再找售楼人员，不喜欢一上来就被售楼人员问这问那，像查户口一样。

无论是哪种原因，遇上“只问不答”或“不问不答”的客户，不能硬碰硬，要与其斗智。可以采取迂回战术，先做感情的投资，不讨论房子的问题，与其开玩笑、聊天，激发客户谈话的兴致，再留心观察并适时转入正题。也可以采用“欲擒故纵”的方法，给客户腾出一定的空间，表示自己随时候命，有问题随叫随到。

正确应对示范1

售楼人员：“先生，您是个教师吧？”（微笑，等待客户的反应）

客　　户：“为什么这么说？”

售楼人员：“我见您戴着金边眼镜，一副温文尔雅的样子，一看就是个知识分子。”

客　　户：“你还真会说话……”

点评：不管是谁都喜欢被赞美，客户的自尊心得到了满足，话匣子也就打开了。沟通一顺畅，客户也更愿意接受你的一些观点，后面的工作也就水到渠成了。

正确应对示范2

售楼人员：“先生，不好意思，打扰一下，我见您看楼很专心，看来应该看了不少楼盘。这是我的名片，我姓陈，您叫我小陈就可以了。请问先生您怎么称呼？”

客　　户：（接过名片仍旧不予理睬）

售楼人员：“先生，我们楼盘近期在做促销，刚推出几套优惠房，每套可以省下好几万元，不知道您是否有兴趣了解一下？”

客　　户：“哦，是哪几套？”（客户被吸引了）

点评：客户“随便看看”的时候售楼人员一定不能干等着，你可以利用这短暂的时间对客户的性格、关注方向等进行大致的推测，以方便之后的推介更有针对性。优惠房往往会以价格优势吸引客户，售楼人员可以将这个作为吸引客户的“诱饵”，对客户进行推介。

情景20：客户喜欢高谈阔论，对购房问题却避而不谈

有些客户很能侃，古今中外、家长里短无所不谈，对购房问题却始终避而不谈。售楼人员赔着笑脸认真听着，心里却十分着急，这种情况该如何是好？

错误应对

1. 直接打断客户的谈话，表示要谈购房问题。

点评：健谈的客户一般而言都是比较爽快的，直接打断客户谈话是对客户的不尊重，很容易伤害客户的自尊心，也会降低客户谈话的热情。

2. 表现出一副不耐烦的样子，一直东张西望，或者转头和同事说话等。

点评：这种做法与第一种相类似，同样是不尊重客户的表现，甚至会让客户感觉到你不耐烦了。

3. 任由客户侃侃而谈，让客户把话讲完后再切入正题。

点评：任凭客户高谈阔论确实能够满足客户的表达欲望，却浪费了大量的时间，对整个销售工作无益，更坏的结果是让客户对你的工作水平产生怀疑，误认为你没有掌控全局的能力。

情景解析

有些客户十分健谈，性格活泼开朗，口才很好，喜欢同人打交道，遇到自己感兴趣的话题或者碰到可以聊得来的人，就会侃侃而谈。

他们对购买问题避而不谈，可能有两个原因：一是进入了“忘我”的状态，根本不记得自己要与你谈论购房的事情；二是想利用自己的好口才给你个下马威。

对于第一种情况，售楼人员一定要严格限制交谈时间，最好将其高谈阔论的时间控制在十分钟之内。在满足了他们的表达欲望之后，抓住他们歇息的间隙，适时打断他的话，找个适当的理由将谈话引入正轨。

对于第二种情况，客户是有意占用更多的推销时间，让售楼人员听得云里雾里而分身乏术。对付他们，售楼人员要避免无谓的耗时，但是也不能粗鲁地打断，既要让对方感到满足，又能够及时地把握时间。

正确应对示范1

售楼人员：“您实在太有意思了，跟您聊着聊着差点忘了正事，刚才我们谈到……”（切入正题）

点评：将谈话拉回正题的话语一定要婉转，这样才能让客户将被认同的满足感带到买房子的过程中去，才能使之后的交流谈判更为顺畅。

正确应对示范2

售楼人员：“我最喜欢同您这么健谈的客户说话了，听您说话也是一种学习啊。您看，我听得太入迷，差点把正事都给忘记了，您觉得刚才我给您推荐的这套房子怎么样?”（切入正题）

点评：人都是喜欢被赞美的，同样要切回正题，使用不同的话术就会给客户不同的体验，作为售楼人员，一定要学会用令人愉悦的方式来与客户进行交流沟通。

正确应对示范3

售楼人员：“您的讲话真是太有意思了，我收获很大。您看我把时间都忘了，待会儿公司还要开会，希望下一次能再与您长谈。”（结束谈话）

点评： 客户是上帝，但是也不能为此就不敢对客户说“不”。对于那些单纯以聊天为目的的客户，售楼人员应该在不伤害其自尊心的前提下，及时终止谈话，只有这样才不至于事事被客户牵着鼻子走。

情景21：客户对售楼人员的讲解好像没有什么兴趣

售楼人员积极热情地为客户做讲解，向客户推介楼盘的各项特性和优点，但是客户的反应很冷淡，好像一点儿也不感兴趣。对此，售楼人员感觉很沮丧，不知道是否该继续讲解下去、如何讲解。

错误应对

1. 根据自己设定好的一套模式继续介绍。

点评：“看人下菜碟”其实是所有销售人员都必须具备的一项技能，再好的一套模式也不可能适合所有的客户，售楼人员应该多备几套推介模式，以用来应对不同的客户。

2. 以自己喜欢的方式同客户沟通。

点评： 每个人的兴趣爱好不一样，沟通方式也不一样。如果客户喜欢说话爽快的人，你却啰啰唆唆半天还没切入正题，当然无法获得客户的好感。这些都要根据对客户的观察来进行判断，并据此对自己的推介方式做出调整。

3. 自己滔滔不绝，很少注意客户的反应，没有同客户进行互动。

点评： 售楼人员推介的受众是客户，毫无互动、自说自话是售楼人员的大忌，这样不仅不容易切中客户真正的关注点，而且少了沟通也会让客户觉得厌烦。

4. 客户没兴趣就不说了。

点评： 客户为什么没有兴趣？售楼人员不了解客户没有兴趣的原因就轻易选择放

弃，实在不明智的做法。

情景解析

为什么客户会对售楼人员的推介没有兴趣？主要原因就是售楼人员的推介没有引起客户的共鸣，没有抓住客户的关注点。

推销的一个基本原则是：与其对一个产品的全部特点进行冗长的介绍，不如把介绍的目标集中到客户最关心的问题上。任何一个楼盘都有诸多卖点，售楼人员在向客户推介时不能面面俱到，而应抓住客户最感兴趣、最关心之处作重点介绍。

1. 把握客户的需求

汤姆·霍普金斯说过："只卖客户想要的房子，而不卖自己想卖的房子。"在向客户展示楼盘利益之前，售楼人员还必须了解客户的需求，明确哪些利益对客户有用，这样才能有的放矢地进行推介。

2. 学会换位思考

人们总是只从自己的角度思考问题，而很少站在别人的角度考虑问题、主动为别人着想。其实，在售楼活动中，换位思考非常有必要也非常有价值，它有助于售楼人员更好地理解自己与客户之间的主要矛盾。而且，如果你能够在销售中多为客户着想一些，能够在自己的能力之内多做一些对客户有利的事情，客户就会感受到你的真诚与爱心，就会更容易接受你。

换位思考，就是先把房子卖给自己！在向客户销售之前，不妨让自己同时扮演两个角色，一个是客户，一个是售楼人员，并尽力自己说服自己购买。当达不到说服自己购买的效果后，就要花一些时间分析一下，自己的需求是否都已经被满足了？如果没有，你还有什么需求？这些需求是否一定要都满足自己才愿意购买？如果你能够成功地把房子卖给自己，成功就近在咫尺了。

3. 抓住客户的关注点

在向客户推介楼盘时，售楼人员别忘了“投其所好”，以客户的需求为中心，针对其需求进行有重点性的介绍。要知道，一个楼盘所能带给客户的利益通常不止一项，如果一股脑儿地把所有利益都灌输给客户，不但不能起作用，反而会让客户厌烦。

偏离了客户的实际需求和喜好，售楼人员的解说再精彩，客户也是不会为此而动心的。只有根据客户的需求和喜好进行有针对性、有重点的解说，客户才会跟着你的思路走。如果你的解说严重“跑题”，与客户不能保持“一致”，反而可能引起客户的反感——这个人怎么回事，总是唠唠叨叨地自夸个不停？环境再好有什么用，户型结构我就看不上！

4. 用客户喜欢的方式沟通

每个人的兴趣爱好不一样，沟通方式也不一样。在推介楼盘时，要因人而异，用客户喜欢的方式来解说。

第一种方式：这套房子非常气派，客厅宽度达到 6 米，并且是挑高设计，配上落地窗，采光好、视野宽……

第二种方式：这套房子气派无比，您想想，在大大的落地窗旁边喝咖啡、看杂志，把身体深深地埋在大软沙发中的感觉是何等的惬意……

如果你是客户的话，上面哪种介绍方式会让你更容易接受？如果你喜欢第一种介绍方式，那你在购物时更为理性，对你来说理性的描述更能吸引你的兴趣；如果你喜欢第二种介绍方式，那你在购物时更为感性，对你来说感性的描述更能吸引你的兴趣。因此，在销售中为了更有效地推介楼盘，给客户最好的感觉，并吸引他的兴趣，一定要了解对方喜欢的沟通方式，这样做才会收到意想不到的效果。

5. 与客户互动交流

在整个介绍过程中，如果只有你一个人讲，而客户呆呆地听你讲，就会失去现场互动的气氛。如果能适当调动客户的情绪，让客户参与到你的介绍中来，那么不仅可以使你的介绍更容易被客户接受，而且也会使双方的交流更加舒适自然。具体的方法有以下几种。

（1）多问问题，让客户参与。

发问会让客户参与其中，那他对楼盘的感受会更加深刻。在推介楼盘时，只有不断和客户互动，及时发问，让客户多说，才会了解客户的想法并很好地引导客户。

一场20分钟的独白远远不如10分钟的对话更有效。成功的销售一定要避免一个人唱独角戏，而是要尽量让客户参与进来。

（2）注意客户的反应。

售楼人员对客户介绍楼盘时，不仅要语气委婉有礼、内容详细周到，还要注意观察客户的表情和态度等。

例如，当客户表现出对地段不是很满意，售楼人员就应着重说明交通的便利性，并强调楼盘其他的优点；如果客户较关心子女的入托入学问题，售楼人员就应帮助客户分析楼盘周边的学校情况。

（3）根据客户类型调整自己的介绍方式。

在介绍过程中，售楼人员切忌长篇大论、喋喋不休，而应一边说一边观察客户的反应，及时调整自己的介绍方式。

客户的类型有许多种：有的是慎重型，他们往往受售楼人员影响不大，相信书面的资料数据，对于这种客户，配合资料介绍往往可以达到较好的效果；有的是率直型，他们多相信自己的判断和熟人的介绍，售楼人员对他们介绍时应该爽快，抓住重点，不要啰唆；有的是犹豫型，多疑，喜欢问东问西，不相信自己，需要别人帮助做决定，针对这类客户售楼人员应该以权威的口吻向其作详细的介绍，帮他下决心；还有的是情感型，他们容易受主观情绪的影响，对于这种客户，售楼人员人员应该“投其所好”。总之，售楼人员在介绍过程中，一定要针对不同类型的消费者做出不同的反应，这样才可能成交。

（4）耐心回答客户的各种疑问。

客户向你提出问题是常有的事。客户可能会提出交易上的问题，也可能提出各种与楼盘无关的问题，如乘车路线、购物等一些生活上的琐事。

售楼人员应该明白，客户向我们提问，是期望我们为其服务，理应以诚相待，做到有问必答，尽量满足客户的需求。

（5）让客户积极响应。

售楼人员在介绍时，应尽量把客户带入一个点头说“是”的节奏中去。比如，可以不停地、自然地问客户“对不对”、“您相信吗”、“很好，您觉得呢”等。如果客户相信了那些优点，他是很愿意表示赞同的。我们得到的这种赞同越多，客户与我们之间取得的一致性就越高，而且购买的可能性就越大。

（6）多称呼客户的姓名。

每个人都希望别人记住自己的名字，这说明自己受到了尊重。我们要尽量记住客户的名字，尤其对于老客户，一定不能叫错他们的姓名。

（7）让客户产生共鸣感。

如果我们的观点得到客户的认同，当然是一件乐事。当你与客户产生共鸣时，你就会愉快地继续介绍。而当你的观点不被客户认同时，你的介绍就会显得无趣，难以进行下去。因此，在适当的时候可以点头表示对客户的赞同或站在客户的立场来考虑问题，这样可增进与客户之间的距离和感情，对销售很有帮助。

（8）让客户亲身感受。

我们在生活中会有这样的感觉：一件事情如果参与其中，我们就会不断有新的发现，而且对这件事情能够保持热情；如果只是在一旁观看，感觉就有些像“雾里看花”，而且比较容易厌倦。所以，一些美容院或健身中心会免费送给客户一些护肤美容卡或体验券，让客户亲自体验美容护肤或快乐健身的感觉，看到美容、健身的效果。通过亲自参与，给客户留下深刻影响，客户往往就会购买更多的美容产品或服务。

售楼人员在进行介绍时，可以充分借助售楼处放置的销售道具，让客户亲身去感受一下。比如，在介绍到楼盘所用到的某种特殊建筑材料或者某种新型的智能化设备时，你可以让客户自己触摸和体会。

正确应对示范1

售楼人员：“我们小区总占地面积4.9万平方米，总建筑面积7.4万平方米，它是由8栋别墅、6栋高层以及11栋小高层组成，共计25栋楼、1012户。整个小区采用的是地中海式建筑风格，绿化率达41%，小区三面环湖，水质清澈，水域宽广。在设计时，我们将水系引入小区内部，叠水、曲水、直水，风格不同的水系遍布我们小区。我们还充分利用地形的优势加以创新，设计了多处景观广场，像日光水岸、月光水岸、御龙广场等，从而让小区达到了一步一景、处处景观的效果。

我们小区的楼间距最宽达50米，最窄也在30米左右，它既保证了良好的通风和采光，又给你一个非常开阔的观景视野。

我们的户型面积是从41～190平方米，可供您选择的范围是非常大的，得房率高达83%，同样的面积，我们给您最大的使用空间，相信无论您是投资、自住还是养生，在这里总能选出最适合您的房子。”

（客户对售楼人员的介绍没有什么反应）

售楼人员：“王先生，通过我刚才的介绍，您对我们这个楼盘也有了初步的了解，有什么不清楚或不明白的地方，您可以说出来，我们一起探讨。”

客　　户：“别的还好，就是感觉这地段不是很好。”

售楼人员：“您是觉得太偏僻了，还是其他什么原因呢？”

客　　户：“你看小区附近什么都没有，感觉挺荒凉的。”

售楼人员：“王先生，这个您不用担心，现在虽然什么都没有，但是，您看，对面正在建的就是××商业广场，附近还有两个楼盘在建，过不了两年，这里就非常繁华了。”

客　　户：“哦，是这样。那会有大一些的超市吗？”

……

点评：售楼人员的介绍一定要分“段”，不能一口气讲一大篇，这样客户会很难抓住你的重点，你也不容易弄清楚客户的关注点在哪里。介绍过程中一定要多些互动，要跟客户多交谈，引导客户发问，这些问题有助于明确客户的顾虑，而你妥善解答这些问题后，你的整个销售过程将会更加顺利。

正确应对示范2

售楼人员：“张小姐，是不是我的介绍有什么问题，您好像不是很满意？”

客　　户：“也没什么。”

售楼人员：“没关系，您直说，我一定改正。”

客　　户：“你讲解的时候可不可以不要那么快，像背书一样，还有很多我听都没听过的词，听得很费劲。”

售楼人员：“哦，实在对不起，这是我的错，我一定注意。”

……

点评：售楼人员在介绍的过程中一旦发现客户反应平淡或者注意力分散，一定要诚恳地向客户问询，否则你的介绍就失去了意义，只是在浪费时间。

情景22：客户有点心不在焉，不知该如何才能吸引他的注意力

有时候，售楼人员在认真为客户做介绍，却发现客户有些心不在焉，也不知道他到底有没有在听。该如何才能吸引他的注意力呢？

错误应对

1. 估计这客户对楼盘不感兴趣，那就算了。

点评：客户心不在焉，不一定是对楼盘没有兴趣，只是你没激发他的兴趣而已。不要动不动就把责任归结于客户身上。

2. “先生，您到底有没有在听我说呢？”

点评：毫无疑问，这么问客户，肯定会让客户尴尬或愤怒的。

3. 那就不介绍了，给他多说说笑话。

点评：说笑话也要看对象、看场合、看时机。如果把握不好，客户会认为你根本没有在好好为他提供服务。他可不是来听笑话的，而是来买房的。

情景解析

在项目推介时，如果客户心不在焉，排除客户自身的因素（比如时间紧、被别的事情分神了等）外，很有可能是售楼人员的推介太贫乏，无法吸引客户的注意力。出现这种情况时，售楼人员就要及时调整自己的推介方式，以吸引客户的注意力。

1. 促使客户联想

在销售时，让客户产生联想是很重要的。一位销售专家就把想象力称为“延伸的利益”，也就是说你所能想象到的客户利益。利用人们的想象力来销售，可以使人们无法抗拒那种想象的诱惑，会痛痛快快地把钱掏出来。同样，在售楼活动中，单纯的沙盘解说、项目介绍多少会有些枯燥，并且难以吸引客户的注意力。这时，你可以运用“情景销售法”，即通过生动具体的语言描述，将客户带入到将来所能享受到的美好情景里，让客户更深刻地体会到这样的房子可能会给他带来的改变，借以激发客户的购买欲望。

要激发客户的想象力，你就需要把房子和真实的情节有机地联系起来，编一部客户就是主角的情景剧，然后用绘声绘色的语言，像电影里的旁白那样，把这些景象一一展现给客户。

运用“情景销售法”时，售楼人员可以运用以下这些句子作为开头语：

➢ 您有没有感觉到……

➢ 您可以想象一下……

➢ 假如……

2. 让客户亲身感受

俗话说“天下没有免费的午餐”，但在现实生活中，一些美容院或健身房却经常会发放美容卡或健身卡，邀请客户前去免费体验，为什么呢？其实这就是营销学中所谓的“体验式营销”，先让客户亲自体验美容或健身的好处，进而刺激客户参与的欲望。

同样，在售楼中，你也可以让客户参与楼盘“体验”，让客户亲身感受到楼盘的品质。体验的方法有很多种，比如可以让客户触摸售楼处所陈列的各项建材展品、让客户亲自体验各种智能化设施、让客户亲自到健身房走一趟或感受一下小区会所……

正确应对示范1

客　　户：“唉，环境是挺好，就是价格贵了点。”

售楼人员：“王姐，您的儿子这么孝顺，您就好好地享受生活吧。我到过××小区（客户现在所居住的小区），那里的生活配套很不齐备，并且人员也比较杂乱，生活一定很不方便的吧？假如您住在这里，那就完全不一样了。老人家都喜好晨练，您一起床就可以下楼来和邻居大妈大爷们一起呼吸呼吸空气、打打太极拳之类的，然后回家吃个早饭；上午的时候到我们的会所去打牌聊天，或者到中庭花园去逛逛，赏赏花儿、看看小鱼；闲着没事时，还可以到湖畔走走。走出大门向左走三百多米，就是个菜市场，想吃什么就买什么，既干净又方便，再也不用像以前一样挤公交车去买菜了。这样的生活多惬意，您的儿女也才会放心啊！”

点评：客户心不在焉时，一定是他觉得房子的某些方面偏离了他的需求。这个时候，售楼人员就要及时地探明客户的顾虑，这样才能够对症下药。对未来生活的描述可以帮助客户产生一种身临其境的感受，从而使你的推介更有说服力。

正确应对示范2

客　　户：“这边不知道会不会很吵。”

售楼人员：“大姐，您放心，这里不但不吵，还很安静，非常适合居住。您看，这边上就是湿地公园。周末的时候，您可以带着一家人来到湿地公园散步，享受清晨的凉风与阳光，那是多么令人愉快的事情呀。回到家，在阳台上就可以看到江水的波光粼粼、高尔夫球场的绿意茵茵，这是多么惬意啊。”

点评：同样的一处房子，有些售楼人员只能充当带看、被动回答客户提问的角色，而优秀的售楼人员却可以在客户眼前展开一幅美好的生活景象，让客户体会到居住于此的美好前景。

正确应对示范3

客　　户：“这附近生活方便吗？”

售楼人员：“刘先生，这里生活是非常便利的。您看，要购物有大润发、沃尔玛、来雅百货、乐购商场，要看电影有明发影视城。而我们小区的内部配套也非常齐全，您看，这里就是我们未来的会所，里面有羽毛球馆、健身房等。陈先生，您不是喜欢运动吗？这下可方便了，周末的时候您可以约上朋友到小区的羽毛球馆打打球，您太太可以到健身会所练练瑜伽，别人运动要跑大老远的，您在家门口就可以达到锻炼的目的，多舒服啊。”

点评：一个楼盘的优势可能有很多，但只有当把这些优势与客户所能得到的切身利益结合在一起时，客户的购买热情才会得以提升。所以，售楼人员要积极主动地探知客户的真实顾虑，只有这样自己的推介才能做到有的放矢。

情景 23：客户对房地产一窍不通，听不懂售楼人员的介绍

有些客户对房地产一窍不通，售楼人员都不知道该怎么给他们做介绍了，尤其是一些老年人客户更是如此。这可怎么办？

错误应对

1. 他听不懂是他的事，反正我该介绍的已经介绍了。

点评：客户听不懂，你介绍得再多也没用。甚至有些客户会认为你只是在卖弄而已，从而心生不满。

2. “不会吧，连这么简单的问题你都不懂？”

点评：客户听了这样的话，第一反应就是你在嘲笑他什么都不懂。你嘲笑了客户，客户还会找你买房吗？

3. 他既然听不懂，我就不用多介绍了。

点评：客户听不懂，只能证明你的说话方式不对。你不介绍，客户怎么可能会产生购买兴趣呢？

情景解析

一件事情，如果能用通俗易懂的语言表达，就不需要用满口行话或专业术语来表

现自己的专业。事实上，当客户听不懂你的话时，他不但不会觉得你专业，反而会认为你是在卖弄自己。

因此，在进行项目介绍时，售楼人员应尽量使用一些简单易懂的词语或者是更为形象的词去代替那些难懂的专业术语，以让客户听得更加明白。在介绍前，你最好先在心里琢磨一下对方是否能够听得懂你所表达的意思。在这种时候，“对不同的人说不同的话”是非常重要的。如果对方也是专业人士，那么你就可以用专业术语表达，以此证明自己的专业，让客户信赖你；而如果对方只是一名普通的购房者，那么你就要避免使用专业术语，要尽量说得通俗易懂。

有时候，对于一些概念性的东西，我们又不得不使用一些专业名词。这时候该怎么办呢？如果碰到这种情况，那么你可以分两步来介绍：

第一步：先说名词术语；

第二步：把每一个名词术语都用平实、易懂的话来解释一遍。

这种表达方式既会让人听起来很专业，又很有说服力。

正确应对示范

售楼人员：“大姐，我们的房子公摊非常小，得房率高达85%呢……”

客　　户：“等会儿，什么是得房率啊？”

售楼人员：“是这样的，大姐，得房率是指可供住户使用的面积（也就是套内建筑面积）与每户建筑面积（也就是销售面积）之比，得房率高意味着公摊面积比较小。很多时候，两套房子的面积虽然相同，但给人的感觉却很有可能不一样，有的会让人感觉大，有的却让人感觉根本没有那么大的面积，这是为什么呢？因为我们买房的时候，是以“建筑面积”计算的，而建筑面积是包括套内建筑面积和公摊面积的。公摊面积越大，房子里的建筑面积就越小；得房率高，房子里的建筑面积就越大。”

点评：当售楼人员发现客户对一些专业术语完全不懂时，就应该及时地调整自己的推介方式，多用一些通俗易懂的话，务必使客户听得清楚明白。

情景 24：客户来过多次，对楼盘很熟悉，不知再介绍什么

有些客户来过很多次，对楼盘非常熟悉，每次再见到他们，售楼人员总感觉找不到话头，甚至连沟通都成了一种负担。面对这种情况，售楼人员该如何继续介绍？

错误应对

1. 把客户晾在一边，让他们自行讨论。

点评：这种做法似乎没什么错，但是从销售管理的角度来说是不可取的，尽管客户来了很多次，但也不能冷落客户，让他们自己去讨论。

2. 摆出一副很不耐烦或不情愿的样子，或者用不满的语气说话。

点评：这样的做法很容易让客户产生不悦，觉得你不耐烦甚至不愿意接待他们，从而给客户留下不好的印象，进而影响销售进程。

3. 催客户谈论购买的事情。

点评：有些客户不论售楼人员怎么催，都会找各种理由搪塞，逼急了客户，还可能造成反效果。

情景解析

某些多次来访且对楼盘有一定了解的客户，其接待难度通常比初次来访的客户要大。初次来访的客户，因为不了解楼盘，售楼人员可以随意发挥；但熟客就不同了，他们对楼盘已经非常了解，售楼人员再像对待初次来访的客人那样去对待他，就无法

促进销售进程向更深层次发展。虽然接待他们比较困难，但是以下四种方式能帮助售楼人员与他们交流。

第一，拉家常。既然客户来过好几次，那么就是熟客了，接待熟客，并不一定总谈楼盘，可以和他们拉家常，聊客户的衣着、工作、家庭等。但必须注意的一点是，闲聊时也不能忘记正事，要在洽谈中掌握客户的真正需求以及兴趣爱好，包括家庭状况、工作情况等。售楼人员掌握的客户信息越多，就越容易把握客户的心理。

第二，讲案例，让事实说话。在向客户再次介绍楼盘时，不要一味地说自己的楼盘好，可以举一些例子，例如自己或同事接待过的客户的案例，表示房子畅销或者楼盘好等。

第三，聊当前的房地产形势。与客户聊聊当前的房地产市场行情，如果当时正值房市低迷期，就引用一些经济学家或专家的观点，来给客户打气，让客户感觉房地产市场已经出现转机，如果再不出手就会涨价；如果房市形势很好，就进一步用大好形势诱发客户的购买行为。

第四，与客户的同行人聊天。如果客户经常带家人或朋友同行，那么可以适当与这些人聊天套近乎。这些人一般都是客户的参谋，一定程度上能影响客户的购买决定。与他们搞好关系，既打破了无话可说的尴尬局面，又拉近了与他们之间的距离，间接地拉进了与客户的距离。

正确应对示范1

售楼人员：“您好，王小姐，欢迎光临。您请坐，来杯开水还是饮料？”

客　　户：“冰可乐好了，太热了。”

售楼人员：“是啊，这都快秋天了，还是这么热，出门一会儿都一身汗。不过您有车，出门也不愁。”

客　　户：“哎，有车有什么用，小区那停车位不够，我的车停在老远的地方，走到那儿也都一身汗了，这鬼天气。”

售楼人员：“王小姐，您和您老公都这么会赚钱，是该好好享受一下。您看我们小区，有一个专门的地下车库，业主停车取车都非常方便，而且有专人管理。如果您有兴趣，可得抓紧了，小区车位十分畅销，来晚了可就会被抢走了。”

客　　户：“……”

点评：**寒暄也就是所谓的“拉家常”，是销售沟通的“润滑剂”。不要以为在销售活动中就是要不断推销，“三句不离本行”，适当地寒暄几句会让销售沟通变得更顺畅。**

正确应对示范2

售楼人员：“您好，邓先生，欢迎光临。您前两天说回去看看，现在考虑得怎么样了？”

客　　户：“还得再琢磨琢磨。”

售楼人员：“邓先生，您中意的那套房子是真不错，户型、朝向、楼层都非常好，很多客户都在留意这套房子呢。我同事昨天还问我您考虑得怎么样了，他有位客户挺中意这个地方，很有意向。”

点评：**对于那些已经来过多次的客户，再一味地推介楼盘，效果已经不大。因为客户已经对楼盘的情况了如指掌，每次沟通洽谈你都一再重复，这样又有什么意义呢？这时候应适当地采取一些“逼定”的措施，效果通常会更好。**

正确应对示范3

售楼人员：“张先生，您好，欢迎光临！今天想了解些什么？”

客　　户：“小陈，把你们的效果图拿来给我们看一下。”

售楼人员：“您稍等。对了，张先生，不知道您最近看报纸和电视了没，专家说最近楼市好转，房价又要上涨。”

客　　户：“是有这么一说，但没这么快吧。”

售楼人员：“前天公司开会的时候，老板还嫌我们房子卖得太快了，说要等下个月再涨价呢。”

客　　户：“不是吧，这还要涨？”

售楼人员：“……”

点评：对于多次看房而又犹豫不决的客户来说，售楼人员要懂得适当地给予其压力，以促使其尽快作出购买决定。

情景25：客户说话模棱两可，听不懂是什么意思

在和客户沟通的时候，有时候客户说话模棱两可，不太明白他说的是什么意思。要再问吧，怕客户不耐烦；不问吧，又担心理解错了客户的意思。这时该怎么办呢？

错误应对

1. 算了，不明白就不明白，不理会他这个话题了。

点评：如果这样，就是忽视客户的一些谈话，有时候这些内容是很重要的，那客户就会觉得你根本心不在焉，对他不尊重。

2. 直截了当地问清楚客户说的到底是什么意思。

点评：问清楚是必要的，但如果不注意方式方法，很可能会引发客户的不快，觉得你根本没认真听他说什么。

情景解析

每个人的经历、天赋不一样，这决定了我们对某些事的看法、观点也不一样。现实生活中，我们总是喜欢用自己的假设去代替客户的假设，用我们自己的意图去解读客户的意图，这就造成了很多沟通中的误会。比如客户在表达时，把自己认为很明确的某些内容省略了，我们自行地把自己的假设当成被客户省略的部分，于是误解了客户的意思。

客　　户：“我感觉不是很满意，这地方还是有点……”

售楼人员：“您放心，边上这个地方已经规划好了，准备建一个商业广场，到时候可热闹了。”

客　　户：“对不起，我就是觉得它还不够安静，将来建了商业广场就更闹哄哄了，我还是喜欢住在安静点的地方。”

因此，在倾听客户说话的时候，售楼人员还有一项必要的工作去做，那就是消除客户语言中的歧义，以更准确地了解客户的需求，从而达到更有效的沟通效果。要消除歧义，避免误会客户的意思，关键在于发问。其实，在售楼人员的字典中，有一句非常珍贵、价值无穷的话，就是“为什么”。作为售楼人员，你可不要轻易放弃这个利器，也不要过于自信，认为自己能猜出客户为什么会这样或为什么会那样，最好还是让客户自己说出来更为妥当。

通过询问，售楼人员可以进一步了解客户，获得更多的客户信息，为进一步推销奠定基础。事实上，当你问客户“为什么”的时候，客户必然会做出以下反应：

（1）他必须回答自己提出反对意见的理由，说出自己内心的想法；

（2）他必须再次检视他提出的反对意见是否妥当。

此时，你能听到客户真实的反对原因，并明确地把握住客户所反对的项目，从而能用较多的时间去思考如何处理客户的反对意见。因此，如果询问法运用得当，既可以为客户提供信息，又可以使推销保持良好的气氛；询问法使售楼人员有了从容不迫地进行思考及制定下一步推销策略的时间，它还可以使售楼人员从被动地倾听客户异议转为主动地提出问题与客户共同探讨。

正确应对示范1

客　　户：“我觉得这个价格还是贵了点。”

售楼人员：“请问您怎么会这么认为呢?”

客　　户：“我看过××项目的一套房子，那儿一平方米才卖16 000元。”

售楼人员：“王小姐，您的这个包最少也要上万元吧?”

客　　户：“我这包18 000元买的呢。”

售楼人员：“那就对了，王小姐，名牌包之所以要比普通包贵，就是因为它有这个价值，不能拿普通的包和它相比较。同样，我们这个楼盘的社区环境相信您也看到了，××项目是不是没法和我们比?”

点评：客户在表达自己意思的时候，可能会采用一些模糊的代词。我们并不能马上知道客户所指的是什么，因为我们不清楚客户采用的参照物是什么。因此，要了解客户的情绪，就不能被这模糊的代词糊弄了。

正确应对示范2

客　　户：“房子是不错，不过我还是有点担心。”

售楼人员：“这点您不用担心，我们的质量是有保障的。”

客　　户：“对不起，我担心的是按揭办不下来，我曾经有过两次不良还款记录……”

点评：有时候，客户会把一些隐晦的词语转化过来。我们如果没有把它厘清，只是按自己的意思来解读，那么就很难知道客户之真正所想，也就不能为客户提供他所需要的服务。

正确应对示范3

客　　户：“你们办事的效率也太低了。”

售楼人员：“对不起，我能不能问一下，您具体指的是什么呢？”

客　　户：“你上次不是说要向领导申请一下能不能给我多优惠点，三天内给我答复吗？现在都过了一星期了。”

售楼人员：“真是不好意思，我理解您的心情。这是您上次留下来的电话，您看看号码有没有错误？我打过好几次，都说是空号。”

点评：当客户表达不是很清楚时，我们也会感到很茫然，不知道客户所指的是什么，所需要的又是什么。这时，我们需要提出有针对性的问题来消除语言中的障碍，这样才能更好地满足客户的需求。

情景 26：讲解了半天，客户竟然还不知道楼盘有什么优点

售楼人员辛辛苦苦地向客户做了详细的楼盘介绍，最后客户竟然还问一句“你们楼盘到底有什么优势”。听了这话，是不是让你觉得有点沮丧？

错误应对

1. “不会吧，我说了那么多，你竟然一句也没听进去？”

点评：一下子就把责任归结于客户，客户不生气才怪呢。首先要从自己身上找原

因，而不是从客户身上找原因。

2. 再向客户做一次讲解。

点评：客户是因为刚刚没注意听才不知道楼盘有什么优点吗？如果不是，那么即使你向客户讲解十遍，客户还是不明白。

情景解析

客户在购房时，可能会走访多个不同的楼盘，进行多方面的比较。客户以其不专业的眼光所看到的可能会是同质性的一面较多，所以售楼人员应重点向客户推介自己楼盘特有的东西。这些特有的东西也就是特性或卖点。在推介卖点时，应将楼盘所具有的特性转化为它能带给客户的利益。在这方面，“FAB 介绍法”能帮助你有效地将利益传达给客户。

1. “FAB”是什么

“FAB 介绍法”也称“利益推销法”，是进行产品介绍时最常用的一种方法，即按一定的逻辑顺序将所推销产品的特征、优点转化为它将带给客户的某种利益，充分展示产品最能满足和吸引客户的某方面优势。

（1）特性

产品的特性是指产品的独特之处，也就是其他产品所不具有的某种优势。每一样产品都有它的特性，关键是你从哪个角度去解读它，例如：从材料着手，衣服的特性有棉质、毛质、丝质等；而从样式着手，衣服的特性有正装、休闲装等。

对于售楼来说，产品的特性指的就是楼盘的卖点。比如以地段作为卖点、以园林景观作为卖点、以智能化作为卖点、以优良的物业管理作为卖点、以独特的建筑外立面作为卖点、以开发商的品牌作为卖点等。

(2) 优点

产品的优点是指产品的特性所表现出来的直接功能效果，也就是从产品特性衍生出来的优势所在。比如，对于棉质（特性）的衣服来说，其优点就是吸汗效果好；对于毛质（特性）的衣服来说，其优点就是保暖效果好；而对于丝质（特性）的衣服来说，其优点就是轻和柔软。

对于售楼来说，产品的优点就是楼盘的卖点所表现出来的优势所在。比如，以地段作为卖点的，其优点就是地理位置佳、交通便利；以园林景观作为卖点的，其优点就是空气清新、生活环境优美；以智能化作为卖点的，其优点就是安全、便捷；以优良的物业管理作为卖点的，其优点就是能提供全方位的生活服务等。

(3) 利益

产品的利益是针对消费者而言的，就是产品的特性所能满足客户的某种特殊需求，或者说产品的特性、优点所能使客户享受和感受到的某种好处。比如，对于毛质（特性）的衣服来说，其优点就是保暖，而其带给客户的利益就是可以需要御寒。

对于售楼来说，产品的利益就是楼盘的特性（卖点）和优点（优势）所能够满足客户的某种需求，以及让客户享受和感受到的某种好处。比如，以园林景观作为卖点的，其优点就是空气清新、生活环境优美，而其带给客户的利益就是让客户生活在一个优美的环境中，从而保持身心的健康。

2. “FAB”句式的运用

从上面的分析中可以看出，FAB 介绍法（利益推销法）其实是一种针对不同客户的购买动机，把最符合客户要求的产品利益向客户加以推介，讲明产品的特性、优点以及可以为客户带来的利益的一种销售方法。

事实上，特性、优点和利益是一种贯穿于产品的因果关系，在产品介绍中，它形成了诸如“因为……，所以……，对您而言……”的标准句式。

特性：因为……

优点：所以……

利益：对您而言……

（1）“因为……”

“因为……”这一句说的是产品的属性（Feature），它回答了产品“是什么”，“具有什么特点”的问题。比如，“（因为）它采用的是转换层结构”。

（2）“所以……”

“所以……”这一句介绍了产品的作用（Advantage），它解释了产品这个属性能做到什么。比如，“（因为）它采用的是转换层结构，（所以）每一户都是隐梁隐柱，宽敞的房间里看不见一条梁和柱。”

（3）“对您而言……”

“对您而言……”这一句是告诉客户产品将如何满足他们的需求，也就是购买该产品所能得到的利益（Benefit）。比如“（因为）它采用的是转换层结构，（所以）每一户都是隐梁隐柱，宽敞的房间里看不见一条梁和柱。（对您而言）这种户型结构的得房率是最高的，即实用面积更大。”

如果你能够很好地运用 FAB 介绍法，不但能让你的项目介绍更为顺畅、有条理，而且还可以使客户充分感受到楼盘的特性所能带给他的好处，从而让客户认为这个楼盘确实适合他。

正确应对示范

售楼人员：“王先生，您是第一次来吧？”

客　　户：“是的。”

售楼人员：“那我先给您介绍一下我们项目的总体情况吧。”

客　　户：“好的。”

售楼人员：“王先生，您刚刚说您刚去苏州旅游了一趟回来，不知道您对苏州园林感觉如何？”

客　　户：“挺漂亮的，生活在那里真是不错。可惜，咱们市虽然被评为“花园城市”，但是生活居住的小区环境都是太单调了，缺少一些生活情趣。”

售楼人员：“那您来我们这里就来对了。我们这里的园林景观就是以苏州园林为标准进行设计的。”

（注：展示项目的特性——苏州园林特色的景观设计。）

客　　户：“哦，真的吗？”

售楼人员：“是真的。我们公司也正是看到我们市人居环境的一些缺陷，特地聘请了××景观设计公司进行设计的，其风格与苏州园林极为相似。我带您到那边看看我们的园林景观效果图。”

客　　户：“好的。”

售楼人员：“提起江南，大家都会不约而同地想到碧波荡漾、桃红柳绿等情景，我们的园林景观设计也是从“水”这一主要元素入手，充分运用了点、线、面相结合的设计手法。点就是这些布置于楼间的小型水景，如流水槽、小涌泉等，它们形式各异；线就是南北纵穿住宅区的狭长水系，它蜿蜒曲折，宛如舞动的彩带；面是指位于绿地中央的开阔型水面，它紧邻中心活动广场，周围种满了桃柳和莲等水生植物，俨然一派江南风光。”

（注：说明园林景观设计的独到之处，也就是优点。）

客　　户：“嗯，还真有点江南特色。”

售楼人员：“您再看看这个，就是我们根据当地气候特征所创造出的新版‘玲珑花界’、‘潭西渔隐’、‘荷蒲熏风’等江南十景。”

客　　户：“这应该是我所看到的园林景观做得最好的一个本地项目了。”

售楼人员：“是啊，居住环境的好坏对我们的身心健康影响太大了。如果您买了这里的房子，那您就不用经常跑到苏州去旅游度假了。生活在这样一个充满灵气、鸟语花香的环境中，您想不快乐都不行啊。”

点评：楼盘的优势再多，能够吸引客户注意力、引发客户购买热情的，永远都只会是那些与客户有着切身利害关系的方面。售楼人员的解说不求面面俱到，却一定要契合客户的需求。

情景27：对于售楼人员的推介，客户总是抱有怀疑态度

有些时候，即使你说的是大实话，客户却总是抱着怀疑的态度，对你根本就不信任。售楼人员该怎样才能让客户信任自己呢？

错误应对

1. 爱信不信，反正我说的都是真的。

点评：如果客户不相信，即使你说的再真也没用。

2. “我以人格担保，我说的绝对是真的！”

点评：就凭一句担保，就能让客户相信你说的话吗？

3. “您怎么那么不相信人呢？”

点评：客户凭什么要相信你？

情景解析

即使你说得天花乱坠，即使你拍着胸脯担保，客户心里总是还会有所疑虑。这也难怪，每个楼盘的每个售楼人员都说自己的楼盘好，可是谁又能证明它真的有你所说

的那么好呢？

法官断案需要讲究证据，而不能光凭几句口头之言。相比你的一面之词，证据绝对更有说服力。要让客户真正信任你，售楼人员最好能够提供一些有力的证据，用事实和证据来证明你所说的的确是“百分之百真实”的。

1. 出示证明

在销售过程中，大多数售楼人员都会说自己的楼盘好，而不会说自己的楼盘不好。问题是，每个人都说自己的楼盘好，客户该相信哪一个呢？这时候，客户通常会使出一招：“你们说好，那就拿出证据来；只有证明你说的是真实的、可信的，我才会把钱掏出来。”

所有可以用来证明你所宣扬的产品特性、优势、利益等方面真实性的东西，都可以成为你的证明材料。比如，专业部门、认证部门颁发的认证书、质检书，书、报、杂志等出版物上与楼盘有关的正面报道等。

这些证明材料可谓是我们的“销售小帮手”。为了使其真正发挥作用，所有材料必须具有足够的客观性、权威性、可靠性、可证实性、可第三方获得性等。

2. 引用例证

实证比巧言更具有说服力，用事实证实一个道理比用道理去论述一件事情往往更能令人信服。当客户对售楼人员的观点或说法有所怀疑时，与其拍着胸脯、拿着人格去做担保，还不如举一个相关的例子去证明，这样更容易说服客户。比如：

“××小区就是我们开发的，相信您也有听说过……”

“前几天××大学团购了我们楼盘的几十套房子……”

“昨天有个客户一下子买了我们五个商铺……”

榜样的力量是无穷的。当人们觉得某个人有威望时，就会相信他所做的决定、所买的产品。因此，如果你所引用的例证是那些影响力较大的人物或事件，客户对你的信任度就会更高。耐克、阿迪达斯之所以不惜花费重金聘请诸如科比、C罗之类的大牌球星作为形象代言人，就是因为看到了“名人效应”给企业营销带来的种种好处。

必须注意，售楼人员所引用的例证必须是真人真事，而不能信口开河、胡乱编造例子。否则，一旦被客户发现，那么不但不能加强客户的信任，反而会给客户造成更坏的印象，让客户觉得你是在欺骗他，从此再也不信任你了。

正确应对示范1

客　　户：“住在这里真的可以就读××实验小学吗？”

售楼人员：“是的，没错。我的一个客户买的是第一期，现在已经交房入住了，在1号楼1603，他的小孩今年刚入学，读实验小学一年级3班。”

点评：“耳听是虚，眼见为实”，比起售楼人员的口若悬河，客户更愿意相信自己的眼睛。具体的事例可以印证你所言不虚，从而坚定客户的购买信心。

正确应对示范2

客　　户：“区政府真的要搬到这边来？”

售楼人员：“王先生，我是不会欺骗您的。您看，这是昨天的报纸，上面明确说明了该区域的详细规划。”

点评：对于尚未发生的事情，客户心存疑虑也是情理之中的事情。比起售楼人员拍着胸脯打保票，报纸或者相关媒体的报道可能会更具说服力。这就要求售楼人员不能闭门造车，还应对相关的政策、规划等都有及时准确的了解。

情景28：客户总是拿其他楼盘来做对比

货比三家，这是一种正常的消费心态。在购房时，客户总是会将其他楼盘搬出来进行对比，这种做法表面看起来是给销售造成障碍，实际上只要售楼人员能妥善应对，反而可以让竞争对手助你一臂之力。

错误应对

1. 给客户全面分析比较各个楼盘的优劣势。

点评：分析比较是有必要的，不过要注意如何在比较中突出自身楼盘的优势，淡化自身的劣势。

2. 大肆攻击其他楼盘。

点评：攻击其他楼盘，不但不会让客户觉得你的楼盘好，反而会让客户失去对你的信任。

情景解析

在购买过程中，客户往往会“货比三家”。对比的情况是不可避免的，所以回避绝对不是办法。况且，利用对比，售楼人员可以将自己楼盘的优势更好地体现出来，以便快速打动客户。

1. 不要攻击对手

在进行对比的时候，售楼人员不能以贬低竞争对手的方式来抬高自己。为了达到销售的目的而攻击竞争对手，是一种不正当的销售行为，这样做会直接影响售楼人员的专业形象，甚至引起客户的反感。

其实，对竞争对手的评价最能折射出售楼人员的素质和职业操守。真相是掩藏不住的，客户的眼睛是雪亮的，恶意攻击、贬低竞争对手并不能抬高你的身价，反而表明了你对竞争对手的嫉妒和害怕。即使客户暂时相信了你的话，但他们一旦发现事实的真相并非你所说的那样，他们就会对你的人品表示怀疑，从而对你彻底失去信任和信心。

因此，当客户拿竞争对手作对比时，售楼人员最好保持客观公正的态度去正确评价竞争对手，既不隐藏其优势，也不夸大其缺点，让客户既可以从你的评价中了解相关的信息，也可以感受到你的素质和修养。

2. 夸赞你的对手

有时候，夸赞你的竞争对手也是赢得客户信任的一个好办法。当你夸赞竞争对手时，客户会感受到你良好的职业道德，会更加信任你、接受你。

有些售楼人员会认为，肯定对手不就把客户推向对手怀抱了吗？其实这点大可不必担心。如果客户内心真的认为竞争楼盘更好的话，那为何还走进你的售楼处呢？客户拿竞争楼盘比较，不过是要了解你的看法而已，而个人看法没有什么绝对的对与错，个人看法和观点完全取决于这个人了解和掌握信息量的多少，所以完全没必要与客户争执。

3. 强调优势、淡化缺点

世上没有十全十美的楼盘。即使再好的楼盘，也会存在着诸多缺陷与不足。当客户拿竞争对手来做比较时，只要客户的说法符合事实，那么与其和客户争辩，还不如强调自己的优势，让客户对楼盘有一个充分、正确的认识。

正确应对示范

客　　户：“我去看过××项目，他们的公摊面积比你们低得多啊。”

售楼人员：“王先生，您说得没错，他们的公摊面积是比我们低。有些购房者会认为公摊面积高太浪费了，等于多花了一部分钱去买公摊面积。其实，公摊面积是关系到您未来的居住品质的。像您说的××项目，他们之所以公摊低，是因为他们除了三幢小高层外其余全部是多层，大家都知道，多层的公摊肯定是会比较低的，因为没有电梯。此外，您再看看他们的大堂，是不是和我们比要差了一个档次？”

点评：贬低竞争对手的做法永远也不可能抬高你自己，只会让客户认为你是为了留住他而恶意诋毁。但如果你通过比较双方的优劣势，将“人无我有，人有我优”的楼盘优势呈现在顾客面前，就会让客户对本项目有了一个新的认识。

情景 29：我是替朋友来看房的，你们先给我点资料

很多前来看房的客户并不是真正的购房者，或者说不是真正的购买决策人。他们通常只是了解一下楼盘的大致情况，拿点楼书资料就要离开。售楼人员应该怎么做才能接近他们，从他们身上获取购房者的有效信息呢？

错误应对

1. 一直追问客户他那位朋友的购房计划，一点儿也不关心客户的看法和意见。

点评：向客户咨询购房者的购房计划本没有错，但是无视他本人的看法和意见，很容易引起该客户的不满，他就有可能向真正的购房者提供对楼盘不利的信息。

2. 认为不是购房者，失去推介的热情，接待变得冷淡。

点评：这种做法是对客户的怠慢和不尊重，也容易引起客户情绪上的不满。既然买房人会拜托客户前来了解情况，说明对他有充分的信任。假如你无法获得这位客户的认同，就不可能有机会接触到真正的买房人。

情景解析

对于绝大多数中国百姓来说，房子属于昂贵的消费品，对于买房这一消费行为都十分谨慎，需要获得各方面的信息，征求各方面的意见。因此，购房者经常会请朋友或者家人当参谋，这些人不是懂一点房地产知识，就是有过买房的经验，无论如何，

他们的意见对客户的购买决定会产生一定影响。因此，即便来者不是购房者，售楼人员也要给予其足够的重视，不能怠慢了这位“参谋”。

接待这类替朋友看房的客户，售楼人员要注意提问的语气和态度，让客户感到受关注、被尊重，让他更积极地参与到谈话中来，鼓励他发表对楼盘的看法和意见，引导客户透露购房者的个人信息和购房打算，比如联系方式、职业、购房预算、户型、面积等。在洽谈气氛良好的时候，请客户务必带那位打算购房的朋友前来售楼处看房，以便了解更多有关的资料。

正确应对示范1

客　　户：“我是替朋友来看房的，你们先给我点资料。”

售楼人员：“您真好，这么冷的天气帮朋友来看房，你们的交情很好吧！您刚才看了我们楼盘，觉得怎么样，还满意吗？”

客　　户：“还行，不过地段有点偏啊，周边配套设施也不全。”

售楼人员：“王先生，看来您对房地产有点了解。我们这儿虽然不是中心地段，但这里是政府重点开发的新区，现在附近没什么商店和设施，您看这规划图，一两年后，大型超市、银行、游乐场等都会相继建起来。”

……

售楼人员：“王先生，聊了这么久，我还不知道您朋友打算买套什么样的房子？”

客　　户：“其实他也没确定，就让我来帮他看看。”

售楼人员：“您朋友还真找对人了，你们是好朋友，您觉得哪套房子更适合他？”

……

客　　户：“好了，我先回去了。”

售楼人员：“王先生，能留下您或者您朋友的联系方式吗？如果我们楼盘有什么促销活动，我好第一时间通知你们。”

客　　户：“好的，这是我的名片。”

点评：即使不是购房者，他的意见最起码能影响购房者的决策。为此，对这些看房先锋，售楼人员也应认真对待，只有他满意了，才能推动售楼活动的继续进行。

正确应对示范2

客　　户：“我是替朋友来看房的，你们先给我点资料。”

售楼人员：“能有您这样的一个朋友真是福气呀。您已经看了我们的楼盘，觉得喜欢吗？”

客　　户：“你们这的容积率是多少？”

售楼人员：“看来您是位专家，您的朋友请您来看房，还真是找对人了。我们的容积率是……”

……

售楼人员：“冒昧地问一下，您的朋友和您一样是做建筑工程的吗？”

客　　户：“不是，他是个医生，就在××医院，离你们这儿不远。”

售楼人员：“这更好了，住的地方和上班的地方近，可以省下不少上下班路上的时间。”

……

客　　户：“好了，我先回去了。”

售楼人员：“王先生，能留下您或者您朋友的联系方式吗？我们楼盘经常会推介一些精品房，还会不定期举办一些优惠活动，我好第一时间通知你们。”

客　　户：“好的，这是我的名片。”

点评：人都是喜欢被赞美的。在日常生活中，你是否有过这样的感觉：如果一个

人对你有好感，那么当你向他寻求帮助时，他一般都不会拒绝；而如果这个人对你并无好感，即使是一件轻而易举就能做到的事，他也不一定愿意帮助你。同样，在售楼过程中，如果你能赢得客户的“欢心”，你的销售活动将会更加顺利。

情景30：我只是随便看看，暂时不考虑买房

客户既然进了售楼处，通常都是为了看房、了解楼盘的。但是当售楼人员进一步询问其需求时，很多客户会用“我只是随便看看，暂时不考虑买房”之类的话来推脱。可见，客户在与售楼人员对话时，很多时候都是口是心非的，说出来的话并非他心里的真实想法。所以，售楼人员要学会如何揣摩客户的心思，了解客户的真正需求。

错误应对

1. 说一句“那好，如果您有什么问题，就招呼我一声”，便离开客户去忙自己的事情了。

点评：这种应对方式过于被动，不是专业的售楼人员该持有的态度。面对客户的拒绝，不试图寻找突破口，永远也不可能摸清他的需求。

2. “您不买房来看什么？”

点评：这种牢骚话即便在心底里也不要说，客户说“只随便看看”，可能只是暂时不希望你多做介绍而找的借口，而你的这句话却会让客户非常生气，可能永远也不会再将任何的机会留给你以及你的楼盘。

情景解析

客户表示“我只是先看看，暂时不考虑买房”时，实际上是客户对售楼人员提出

的一种委婉式异议，原因很可能是售楼人员还没有掌握其需求，所推介的优点和利益无法让客户满意。不同的客户有不同的需要和购买动机，这时候，售楼人员必须拉近与客户的关系，尽快了解客户的需求，明确他的喜好。只有这样，才能打动客户，最终打开客户的心门，了解客户的真实需求和内心想法。

售楼人员在进一步询问客户的购买需求之前，要先揣摩客户的心思：注意观察客户的动作和表情变化，看其是否对楼盘有兴趣，比如一直盯着某张户型单页、专注地看沙盘；当客户说话时，精神集中，专心倾听客户意见，并分析其潜在的意图；客户提问时，要及时回答，并观察客户对回答的反应。如果通过这些还无法揣摩出客户的心思，可以展开第二轮的直接咨询式谈判，比如询问客户“您对本楼盘感觉如何”、“您对我们楼盘哪方面不满意呢？是户型、配套还是环境”、“您太太有什么看法”等。只有委婉探寻客户的意见，让客户多说话，才能逐步引导客户说出真实想法。

正确应对示范1

客　　户：“我只是随便看看，暂时不考虑买房。”

售楼人员：“没关系，当您真正了解我们楼盘后，也许会改变主意哦。以前也有不少像您一样来随便看看的客户，但他们了解了我们楼盘的好处后就买了。”

客　　户：“那你说说你们楼盘好在哪里。”

售楼人员：“……”

点评：客户的需求有时候是被引导出来的。客户说“随便看看，暂不考虑买房”可能只是不想被过多打扰的借口，如果你的楼盘真的可以吸引住他，他购买的可能性还是非常大的。

正确应对示范2

客　　户：“我只是随便看看，暂时不考虑买房。”

售楼人员：“小姐，请问如果您将来希望进一步改善居住环境和条件，您会考虑购买新房吗？”

客　　户：“会的。”

售楼人员：“相信这个将来很快就会到来。您既然来了，就帮忙给我们提点意见，说说我们楼盘还有哪些方面不完善，是户型、配套还是环境？”

点评：真诚地请求客户说出自己心中的顾虑，即便客户还是不打算买房，对你楼盘的销售也是有促进作用的。而且，客户多停留一分钟就会对你的楼盘多一分钟的了解，在其有购买需求的时候，也能够第一时间想起你的楼盘。

情景31：我先拿点资料回去看看，如果有需要我再来找你

当客户表示说“我先拿点资料回去看看，如果有需要我再来找你”，这句话的潜台词是“你不用再介绍了，也不要给我打电话”。遇到客户如此委婉的拒绝，售楼人员应该放弃吗？

错误应对

1. 把资料拿给客户，欢迎其下次光临。

点评：楼盘的优势不能等着客户去慢慢发现，你这种消极应对的方式，只能目送越来越多的客户拿着楼盘的资料离去。

2. 当面质疑对方是业内踩盘人员。

点评：踩盘几乎是每个售楼人员必修的一门课程，为了能对更多的楼盘有个了解，“先拿点资料回去看看”是惯常的方法。但是有此做法的却并不一定都是来踩盘的，如果你质疑的是一个真正的客户，会让其感到不被尊重，进而转身离开。

情景解析

在听了售楼人员对楼盘情况的初步介绍后，客户表示要自己拿资料回去研究而不需要售楼人员再继续推介，这通常是对售楼人员的不信任，或者是售楼人员所介绍的卖点和优势不符合客户的要求。如果真的拿楼书让客户回去的话，很有可能会失去这一次机会。对此，售楼人员可以用诊断式的提问方式来收集信息，摸清客户的需求和真实异议，让自己处于主动的地位，再次向客户推销你的楼盘。同时，通过诊断式的提问方式，还可以建立客户对自己的信任，拉近与客户之间的距离。如果客户执意要离开，那么应该尽量让他留下联系方式，把自己的名片给他，加深他对自己的印象，以便他下次来的时候还来找你。

当然，如果通过观察判断出这位客户是踩盘人员，也不要当面拆穿他，而应委婉地询问其是否是同行。如果时间允许，可以与同行多多交流，多交个朋友，扩展一下自己的人脉。如今有很多同行都会进行“合作”，比如自己的楼盘没有符合客户要求的房子，刚好认识的同行那儿有适合的房子，就可以介绍过去，达到互利的效果。

正确应对示范1

客　　户：“我先拿点资料回去，如果有需要再来找你。”

售楼人员：“不好意思，是不是我的介绍不到位，或者哪里做得不够呢?”

客　　户：“没有，我只是想自己回去研究研究。”

售楼人员：“好的，这是我们的楼书和户型单页。如果您现在不赶时间的话，我想您可以在我们售楼处坐着看，有什么不清楚的地方，可以随时问我。我也好听听您的意见和看法，顺便能给您提供一些有价值的信息。您这边请。”

点评：客户既然来了，售楼人员就应该好好把握住这个机会。在不使客户产生逆

反心理的前提之下，适当的挽留不仅可以让客户体会到你的诚意，也可以让客户有更多的时间对你的楼盘进行更加详细的了解。

正确应对示范2

客　　户：“我先拿点资料回去，如果有需要我再来找你。”

售楼人员：“好的，这是我们的楼书和户型单页。不过您这么着急要走，是不是对我们楼盘哪方面不满意呢？

客　　户：“不是的，我确实有事得先走。”

售楼人员：“好的，这是我的名片，您叫我小陈就好了。请问先生贵姓，方便留下联系方式吗？如果我们楼盘有什么促销活动，我好第一时间通知您。”

点评：客户即使真的无法在售楼处多做停留，售楼人员也应该试图让客户留下联系方式，只有这样，之后的成交才有了可能。

情景32：我先了解一下，满意了再带我父母来看

售楼人员向客户大致介绍了楼盘情况后，询问客户想买什么样的房子或有什么看法时，客户表示自己只是先来了解一下，满意了再带父母来看房，父母也满意了才有成交的可能。面对这种情况，售楼人员该把探询需求的火力对准谁呢？

错误应对

1. 向客户表示自己满意了就好，没必要父母同意。

点评：这种说法没有掌握好分寸。假如客户恰好是位爱家且尊重家人意见的人，那么你这种无视家人看法的态度就极易引起对方的反感；或者客户恰好不是购买决策

人，那你这样的说法就更显得不周全，也太过激进。

2. 顿时失去斗志，接待的热情迅速下降。

点评：这不是合格的售楼人员应有的服务态度。不论客户是不是真正的购买决策者，都应该热情对待，这样，客户才更愿意带决策者前来看房，成交也才有了可能。

3. 催促客户赶紧带父母来看房。

点评：这种做法目的性太强，会让客户不悦，对售楼人员产生不满情绪。

情景解析

客户表示要自己满意了再带父母来看房，大致有两种原因：一种是客户要买房给父母居住；另一种是购房资金需要父母资助。接待此类客户，最关键的是要先摸清真正的购买决策人，也就是搞清楚哪位是掏钱人、哪位是使用人。通常来说，使用人是最有发言权的，当然掏钱人也不可轻视。无论哪种情况，售楼人员都应问清楚客户是自己住还是父母住或者是共同居住。

明确谁才是真正的使用人之后，售楼人员才能有针对性地进行介绍。

如果是第一种情况，在向客户推介楼盘时，要多了解一些他父母的信息资料，比如喜好、生活习惯、居住环境等，以便在下一次客户带父母来看房时，能依据其父母的情况重点介绍楼盘的优点和利益。比如客户的父母喜欢锻炼身体，就着重介绍小区的活动中心以及附近的公园。

如果是第二种情况，客户相对来说比较年轻，可能是单身贵族也可能是为结婚买房，售楼人员在介绍时要突出楼盘的高性价比，多把房子和他未来的美好生活相结合。年轻人自我意识比较强，喜欢自作主张，售楼人员应尽量按照他们的要求推介楼盘，多询问他们的意见。需要注意的是，有可能客户需要父母资助才能买房，所以，售楼人员在探寻客户需求的同时，要注意了解一些其父母的信息资料，以便下一次客户带父母来的时候，能够有所准备，尽量让他们都满意。

正确应对示范1

客　　户：“我先了解一下，满意了再带我父母来。”

售楼人员：“请问您是买来给父母住的吗？”

客　　户：“是的，我打算把父母从家乡接过来。”

售楼人员：“您真孝顺，我们这里的环境好，又比较安静，很多老人家都在我们这里买房。您父母对房子有什么特别要求吗？”

客　　户：“……”

点评：即使客户表示并不能马上作出购买的决定，售楼人员也要热情接待，并对客户的需求进行大致的了解。一般情况下，掏钱的人就是作决策的人，但有些客户买房是送给父母或者儿女的，他们往往根据住房使用者的意见来作决策。

正确应对示范2

客　　户：“我先了解一下，满意了再带我父母来。”

售楼人员：“请问您是买来给父母住的吗？”

客　　户：“不是，不过买房是件大事，还得家长来看过满意了才行。”

售楼人员：“像您这么年轻就能买房的还真不多见，您的父母肯定很高兴。您说得对，买房子这种大事应该慎重一些，是得找个时间带父母一起来看看。您喜欢多大面积的房子呢？”

客　　户：“……”

点评：赞美是售楼人员与客户沟通过程中的润滑剂，它可以让客户产生满足感，从而放松对售楼人员的警觉，愿意敞开心扉讲出自己真正的需求和关注点。

情景33：现在房价这么贵，我哪里买得起啊

售楼人员和客户聊天时，客户时不时就表示现在房价太贵，自己买不起。可是，他们是真的买不起吗？正常情况下，会到售楼处来看楼且提出很多问题的客户，排除业内踩盘人员，大部分是意向客户。有意向的客户肯定是买得起房的人。那么，售楼人员该如何应对这种说辞呢？

错误应对

1. “怎么会呢，您这么有钱。”

点评：这样看似恭维的话一定要选好对象，如果客户确实购房吃力，听到这话甚至会误认为你是在嘲笑他。

2. “您怎么会买不起呢，这套房首付款才三十几万元。”

点评：这种回答太空泛，没有将客户买房能得到的利益点阐述出来。而且，你说“才三十几万元”，容易让客户更反感。

3. “您现在不买，以后更买不起。”

点评：这类说法有点激将法的意味，可能只是想强调房价还会涨，但给人的感觉非常不舒服，很可能会刺激到客户。

情景解析

在回答客户这种问题的时候，要注意听关键词，客户并不是说你们楼盘的价格，而是“现在的房价”，此时，客户只是大致了解了楼盘信息，还没有进入正式的价格谈判，说明客户在意的不是价钱，而是认为现在房地产市场行情不适合买房，客户更为

关心的是房地产形势。

因此，售楼人员要从两方面入手，一步步说服客户：首先和客户聊聊当前的房地产形势。如果当时正值房地产市场低迷，就拿出或引用一些专家的文章和观点，表示房地产市场已经出现转机，有涨价的趋势；如果房地产市场形势很好，就向客户阐述房市的大好前景，激发客户的购买欲望。在讲述形势的时候，也要适时把楼盘的优势和利益融合进去，比如未来的增值潜力和区域规划等。其次，建议客户用银行按揭的方式付款，采用价格分摊法把价格分摊到首付和月供上，化整为零，从心理上减轻客户的压力，从而激发客户进一步了解楼盘的欲望。

正确应对示范1

客　　户：“现在的房价这么贵，我哪里买得起啊！”

售楼人员：“是啊，近期的房价一直在涨，新闻都有报道，很多专家表示房价还有涨的空间。不过也正是因为这样，您现在不买吃亏更大，说不准您下次再想买的时候价格就更高了。”

客　　户：“你说得没错，可是现在的房价真的太高了。”

售楼人员：“就拿这套90平方米的房子来算好了，假如做七成20年的按揭，首付款只要三十几万元，这对您来说肯定不是问题，您说是吧?”

客　　户：“……”

点评：客户抱怨的是“现在的房价”，所以售楼人员可以先表示认同，然后再将具体的房价分解开来，分成首付、按揭款等部分，变大为小，这样房价就更容易被客户所接受。

正确应对示范2

客　　户：“现在的房价这么贵，我哪里买得起啊！”

售楼人员：“老实说，现在哪里的房价都不便宜，但是房地产市场前景很好，最近有非常多的客户来我们这里买房投资，就是看好我们楼盘的中心地段和未来的增值潜力。您现在买不买没有关系，可以先了解一下，说不定过段时间就有购买的想法了。”

客　　户：“你说得也对，先了解了解也好。”

售楼人员：“您对我们楼盘也有了一定的了解，请问您有什么不满意的地方吗？刚才我向您介绍的那套房子怎么样？”

客　　户：“……”

点评：客户顾虑“现在的房价太高”，售楼人员就应该分析买自己楼盘会给客户带来的巨大利益前景，让客户体会到“屋有所值”甚至“屋超所值”。

情景 34：我刚买了一套房子，只是来看看而已

售楼人员询问客户想买套什么户型、多大面积的房子时，客户却表示说自己前不久才买了一套房子，现在只不过是来看看而已。这位客户真的只是来看看吗？售楼人员有没有读出他的弦外之音？

错误应对

1. “那好，如果您有什么问题，招呼我一声。”

点评：面对客户类似的拒绝就自动败下阵来，是消极应对的表现，非常容易放过意向客户。

2. “您想看些什么呢？”

点评：售楼人员为了提高推介的效率，最好采用封闭式也就是选择式的提问方式。开放式的提问会让客户不知从何说起，对于不爱表露心迹的客户，这样的提问很可能

会得到其"随便看看"的回答，无法从中获得有价值的信息。

情景解析

这类主动表示自己已经买过一套房子的客户，通常说明他属于投资型客户。投资型购房以投资为主，在买房时，他们关注的是楼盘未来的升值潜力，主要关心与楼盘相关的各方面数据，包括区域的发展规划、该地段物业的价值和销售价格、物业管理收费等影响物业升值和资金周转的相关数据。

接待这类客户时，售楼人员需要有较为丰富的销售经验和专业素养。这类客户与自住型客户的关注点不同，因而，售楼人员推介的重点和方式也要不同。一般来说，接待他们会让工作变得实在，客套话和热烈的现场气氛都不是非常重要，售楼人员要做的是提供确实的数据，让他们看到房子在未来的增值能力。

正确应对示范1

客　　户："我刚买了一套房子，只是来看看而已。"

售楼人员："同时买两三套的人很多呢，一套自己住，其他的用来投资，转手或出租都行。像我们的楼盘，处于市中心，地段很优越，周边配套设施又非常完善，很多客户都看好这里的升值前景。"（客户表现出认真倾听的样子）

售楼人员："您刚才也大致了解了我们楼盘，一看您的样子，就知道是个行家，您觉得我们楼盘的整体规划怎么样？"

客　　户："……"

点评：不论客户搬出什么样的理由来拒绝你的推介，售楼人员都不能随即打退堂鼓，而应该尽可能地多与客户沟通，并通过他的言行举止，对其买房目的进行大致判断，这样才能使自己的推介有的放矢，对客户而言也才更有吸引力。

正确应对示范2

客　　户：“我刚买了一套房子，只是来看看而已。”

售楼人员：“看您的样子，不是个外行。您也知道现在的房市行情这么好，买房投资是非常赚钱的。尤其是像您这种有资金在手里的人。我们的楼盘就非常适合你们，商住两用，生活配套成熟，商业气氛又浓，转手或者出租都有很高的利润。”

客　　户：“得房率和容积率是多少？”（表现出了兴趣）

点评：投资客的特征还是挺明显的，他们往往对房地产业的行情非常了解，交谈中会使用各类业内术语等。他们注重的必然是投资回报，只要你抓住了这一点，就能激发起他们的购买热情。

情景35：你们的户型都太大了，我比较喜欢小户型

谁都希望房子大一些，这是现实需要，房子大一些，住得也舒坦。但是，如果从价钱上考虑的话，房子大了，总价就高，经济压力就大，所以很多客户纷纷把目光转向小户型。

错误应对

1. “不好意思，我们楼盘开发的都是大户型，没有您喜欢的小户型。”

点评：这种回答不懂得灵活应变，一下子就把自己的后路堵死了。

2. “您这么有钱，应该买大房子。”

点评：这种回答是直接否定客户的观点，容易让客户产生反感，而且对化解客户的异议没有任何帮助。

情景解析

客户嫌弃户型太大，有两种情况，一种是开发商开发的户型面积确实较大；另一种情况是客户故意提出异议，需要售楼人员去化解。

当售楼人员面对的是第一种情况时，如果客户确实没有这个经济能力，那么可以向其表示抱歉，留下他的联系方式，告知以后如果有开发小户型的楼盘会及时通知他；如果通过观察发现客户其实是有经济实力的，那么应先摸清客户的购房目的，看其是自住还是投资：如是自住，就从其家庭成员方面入手，表示其上有老下有小，需要的活动空间比较大；如是投资，就从保值性和投资价值入手，表示如今小户型单价高，且对地段和周边环境配套要求很严格，和大户型相比投资性价比不高。

当售楼人员面对的是第二种情况时，需要了解客户喜欢小户型的原因，是因为购房预算有限还是目前只需要小户型作为过渡住房，又或者是想要进行小额投资。如果是购房预算问题，售楼人员在介绍的时候就应用价格分摊法，把价格化整为零，减轻客户的心理压力；如果是购房过渡性住房，则以高性价比吸引客户的关注；如果是要进行小额投资，就向客户展示区域规划、该地段的物业价值等，让客户看到房子未来的升值潜力。

正确应对示范1

客　　户：“你们的户型都太大了，我比较喜欢小户型。”

售楼人员：“张先生、张太太，请问你们打算买小户型是自己住呢还是用来投资？”

客　　户：“自己住。”

售楼人员：“我们这里的户型面积是95~150平方米。你们是一家三口吧，我向你们推荐我们这里非常畅销的精致三居，它空间紧凑，使用功能完善，而且属于中等面积户型，不大也不会太小，小孩子也有一个较为宽敞的学习、成长空间，你们父母偶来还能来和你们一起住，一家人其乐融融，多好啊。”

点评：弄清楚了客户的真正需求后，可以从自己楼盘中挑选面积更接近客户需求的来做推介。而且，一定要让客户意识到，要充分满足客户的居住要求的话，这个面积是必要的。

正确应对示范2

客　　户：“你们的户型都太大了，我比较喜欢小户型。”

售楼人员：“张先生，请问你打算买小户型自己住呢还是用来投资?”

客　　户：“现在大家都买房投资，我也来看看情况。”

售楼人员：“张先生，您的眼光不错，我们楼盘地段好，周边的配套设施又在逐步完善。有很多客户都是看中了我们楼盘未来的升值潜力，最近我就接待了好几个打算买房投资的客户。”（客户表现出感兴趣的样子）

售楼人员：“但是，这个时候买小户型来投资，显得不是那么明智，我给您分析分析。虽然小户型面积较小、总价较低，但小户型想用于出租，比大户型难很多，对位置要求很严格，一定要在大型成熟的商业圈周边才行。所以，大户型的投资性和保值性比小户型高很多。”

客　　户：“有点意思，那你给我介绍介绍楼盘的情况。”

点评：面对客户的拒绝，售楼人员一定不能随即就打退堂鼓，要知道，客户的需求在很多时候是被引导出来的。售楼人员要先弄清客户的买房目的，这样才能让自己的推介更有针对性和说服力。

情景 36：楼盘存在某些明显缺陷，怕说出来会让客户退却

十全十美的楼盘是不存在的，任何楼盘都或多或少地存在一些不足之处，甚至有些缺陷还是很明显的。在这种情况下，是该对客户实话实说，还是避而不谈呢？

错误应对

1. 光说优点，不谈缺点。

点评：对于一些明显存在的缺陷，即使售楼人员什么都不说，客户也很快就能发现，到时他会觉得售楼人员不够诚实，降低对你的信任度。

2. 实话实说，让客户自己选择判断。

点评：实话实说是诚实，可是话要巧说，否则只能降低客户对楼盘的兴趣，毕竟谁也不想买一套有缺陷的房子。

情景解析

在售楼的时候，有些售楼人员为了提升销售业绩、获取更多的利润，会极力夸大楼盘的优点，对它的一些缺点却避而不谈，甚至想“瞒天过海”地欺骗客户，编造一些并不存在的优点。这种做法非常不可取，正确的做法如下。

1. 诚实是最好的销售策略

要知道，世界上没有不透风的墙，真相是藏不住的。如果客户对房子有一些了解，或者本身就是一名房地产专业人士，一旦发现你所阐述的漏洞，必然会对你的服务态度和职业道德产生怀疑，继而打消购买意向。

2. 主动说出不足之处

世界上没有十全十美的房子，任何房子都存在一定的缺陷，这些缺陷可能会使售楼人员的工作陷入困境。多数时候，它是售楼人员销售失败的“罪魁祸首”，所以大多数售楼人员在销售时往往都会刻意避免提到这些缺陷。

这的确符合人的思维方式，可实际情况是，只讲优点也不一定能成功。在售楼过程中，一味地说自己的楼盘有多么好，却闭口不谈有什么缺点，有时候反而会给客户带来不真实的感觉，毕竟再好的房子也存在一定的缺点，有的缺点你不说客户也会很快发现。与其等着客户发现，不如主动说出来。

3. 实话也要巧说

的确，在售楼过程中如实地说出楼盘的缺点，可以更容易获取客户的信任，但需要强调的是——说实话也是需要讲究技巧的。有时候，尽管你向客户所阐述的都是关于楼盘的真实信息，但是客户仍然会怀疑你所说的真实性；还有一些时候，当你冒冒失失地将楼盘的某些缺陷告诉客户的时候，客户会因为接受不了这些缺陷而放弃购买。

因此，即使是说实话，也要讲究一定的技巧。掌握这些技巧，不仅可以使客户对你和楼盘更加信赖，而且还可以有效地说服客户，使客户产生更加积极的反应。为此，在主动提及不足之处时，必须采用正确的方式，首先就是要注意学会“避重就轻”。

这里所说的“避重就轻”，并不是要你去刻意隐瞒楼盘的缺陷或过分夸大楼盘的优点，而是要采用“负正法”来抵消客户的不满态度。所谓的“负正法”，就是先说出产品的缺点，然后再对这个缺点进行分析，以证明这个缺点并非不可弥补的。

负正法

先说缺点再说优点等于优点，先说优点再说缺点等于缺点。即：

优点→缺点 = 缺点

缺点→优点 = 优点

很多时候，我们在说话时都是先说好的，再说不好的；但是，“负正法”却恰恰相反，它是先说不好的，再说好的。我们来比较一下，看看下面哪种说法对销售更为有利。

说法 1：虽然这套房子有点贵，但是赠送了 15 平方米的入户花园，相当于这套房子的实际面积达到了 108 平方米……

说法 2：这套房子赠送了 15 平方米的入户花园，实际面积达到了 108 平方米，所以会有点贵……

如果你是一名购房者，会更容易接受哪句话呢？简单来说，第一句先苦后甜，第二句先甜后苦。很显然，一般人都选择先苦后甜。就跟先喝药再吃糖一样，你见过先吃糖再喝药的人吗？

心理学家认为，在听话的过程中，人们更容易注意“但是”后面的内容。如果先说缺点再说优点，那么缺点会被缩小，反之则被放大。因此，在介绍楼盘时，我们需要记住先说缺点再说优点。

正确应对示范

售楼人员：“王先生，这套房子虽然面积小了一点儿，但是日照、风向条件都很好，冬暖夏凉。”

客　　户：“嗯，光线确实很好。前几天去看了××楼盘的一套房子，明明晒不到太阳，那售楼人员还一直说采光完全没有问题。”

点评：先说缺点（面积小），再说优点（日照、风向好），客户感觉更大的是优点（日照、风向好）。

情景 37：客户所提出的楼盘不足之处确实存在

对于楼盘所存在的一些不足之处，客户自己提出来了。承认这些不足吧，担心客户会就此打消购买意向；不承认吧，又担心客户会说我们不够诚实，这时候该怎么办呢？

错误应对

1. “这没办法，没有一个楼盘是十全十美的”。

点评：话是没错，没有一个楼盘是十全十美的。问题是，你这样的回答等于强化了客户对于楼盘不足之处的看法，从而对客户的购买决策造成了负面影响。

2. 与客户争辩，不能让客户觉得这些缺陷确实存在。

点评：既然这些不足之处确实存在，你还与客户争辩，不是狡辩是什么？这样只会让客户对你的诚信产生怀疑，而不会改变客户的看法。

情景解析

所谓“补偿法”，就是指当客户提出的异议有事实依据时，你应该承认并欣然接受，强行否认事实是不明智的举动。明智的做法是，先肯定产品的这些缺点，然后淡化处理，利用产品的其他优点来补偿甚至抵消这些缺点。

如果客户的反对意见正好切中了楼盘存在的缺陷，你必须给客户一些补偿，引导客户从楼盘的优势方面来考虑问题，使客户获得心理上的平衡，也就是让他产生一种感觉：楼盘的优点对他来说是重要的，楼盘不具备的优点对其而言是相对较不重要的，楼盘的售价和价值是一致的。

正确应对示范1

客　　户：“书房小了点。”

售楼人员：“是的，王先生，这个户型的书房确实不是很大。因为这是一套小三居，如果书房的面积再大，就只能牺牲客厅和主卧的面积了。”

点评：客户指出的缺点如果确实存在，售楼人员没有必要刻意掩饰，相反，赞同客户的看法则可以让客户放松警惕，从而使你之后的分析和推介更容易被客户接受。

正确应对示范2

客　　户：“别的还行，就是朝西不太好。”

售楼人员：“嗯，王先生，朝西确实没有朝南好。如果是朝南，每平方米最少要加1 000元，像这样的房子总价就要多十几万元了。”

点评：世界上没有十全十美的事物，只要引导客户在自己所能得到的实际利益和所要付出的代价之间找到平衡，你的建议就会被自然而然地接受了。

情景38：客户在看房途中的情绪没在售楼处时那么兴奋了

在售楼处的时候，经过售楼人员的精彩推介，客户的情绪被调动起来了。可是，有些时候，售楼人员会发现，带客户看房时，客户好像没在售楼处时那么兴奋了。这是为什么呢?

错误应对

1. 这没办法，该介绍的也已经介绍了。

点评：客户的兴奋度降低，对销售肯定会造成影响的，应想办法调动客户的情绪。

2. 没事，等会儿看到房子，客户就会兴奋起来了。

点评：是的，如果房子足够吸引客户，客户的情绪多少会被调动起来。但最好在看房前就让客户保持兴奋的状态。

情景解析

无论是带客户参观样板房、现房还是工地现场，你都要记住一点：千万不能让客户沉寂下来，应时刻让客户的思绪保持在准备购买的状态中。要做到这一点，一个很简单的方法就是边走边说，让客户始终为你所吸引。

有些售楼人员很机械化，认为该介绍的在售楼处洽谈时已经都介绍了，在路上走着又有什么可谈的？其实，这种想法是非常错误的。

在你介绍项目和推荐户型的时候，客户的购买欲望刚刚被你调动起来，这时他的头脑中仍然在回味着你刚刚所说的一切。如果你让他的购买情绪稳定下来，他就有了充足的时间来思考，其刚刚被调动起来的购买情绪很有可能就降低了，购买的冲动性也会大大减弱。也就是说，他很有可能变得更加理性。

其实，咱们在日常生活中也经常会碰到这种情况：你去商场购物，被营业员的精彩介绍调动起了购买欲望，并准备掏钱买单了，事实上，你都还没有好好考虑这件衣服是不是适合你。而这时，恰好来了另外一个顾客，营业员暂时跑去接待那个客户了，你的耳根马上清静了很多，你有了时间去思考这件衣服到底适合不适合自己呢？这么贵的价钱值得购买吗？等营业员再回头来招呼你时，你的购买欲望已经不那么强烈了，也不容易为她的介绍所吸引了。

因此，在带客户看房的路上一定要边走边说，这样还可以促进你与客户的感情。你可以是与他拉家谈，也可以继续你的推销。你要清楚，只要一走出售楼处，客户对你的心理防备就大大减弱了，正是展开情感攻势的大好时机。

除了边走边说这一方法，售楼人员在带客户看房途中，还可以充分利用一些细节去博取客户的好感。最为简单的做法就是在带看途中，及时提醒客户可能发生的安全隐患。比如，在引导客户转弯的时候，熟悉地形的你知道在转弯处有一根柱子，这时就要提前提醒客户："前面有柱子，请您小心。"如果客户带着小孩，你就要时刻注意孩子的动向，看到车子过来要提前提醒："小朋友，这边车子很多，过来叔叔领着你。"别小看了这些微不足道的细节，很多时候就是这些小小的细节在无形中帮你拉近了与客户之间的距离。

正确应对示范

售楼人员："王先生，买房子很累人吧？"

客　　户："是啊，我都已经看了十几套房子了，但都没有看到特别满意的。"

售楼人员："是啊，买房子毕竟是一件大事，一定要考虑妥当了。您觉得那些房子有什么让您不满意的地方？"

客　　户："要么就是环境太差了，要么就是户型结构不好。像我昨天去看的××小区的那套房子，别的都很好，就是客厅太小了。"

售楼人员："那倒是，客厅小了会显得不够大气，尤其是像王先生您这种有身份、有地位的人士。等会儿您就可以发现，我们的房子客厅都很气派，挺适合您的。"

点评：在售楼处洽谈时，客户对你处处提防，一般不会告诉你他看了哪里的房子、那些房子怎么样。而一走出售楼处，客户的防备心理就没有那么强烈了，他就会把他的一些真实的内心想法告诉你，这对你的继续推销是大有好处的。

第三章 适合的房子才是最好的房子

情景 39：不怎么样，我不喜欢（这套房子）

售楼人员给客户推介后，询问客户“您觉得这套房子怎么样”，有些客户可能就会直截了当地说：“不怎么样，我不喜欢。”面对这种异议，售楼人员该如何消除客户的疑虑呢？

错误应对

1. “不会吧，这么好的房子还不喜欢？”

点评：这样反问会让客户觉得你很没有礼貌，而且有点讽刺的意味，不仅对化解异议没有任何帮助，而且容易引起客户的不满。

2. “哦，那我们去看看 3 号楼的那套？”

点评：连客户为什么不喜欢都不知道，看再多的房子也是白搭。因为不了解客户的需求就无法引导客户，更无法说服客户。

3. 既然客户不喜欢，那就算了。

点评：没有几个客户会直接告诉你说“这套很好，就这套了”。要知道，是你在做销售，而不是客户在做销售。

情景解析

当售楼人员询问客户“这套房子怎么样”时，有些客户就会随口说出“不怎么样”来。在这种情况下，售楼人员最重要的不是去想着如何应对客户的这个异议，而是首先要了解客户到底为什么会说这套房子“不怎么样”。

出于某些方面的考虑，在与售楼人员洽谈时，客户并没有说出他真实的想法或者看法，甚至提出一个假的异议，寻找其他的借口或说辞来搪塞售楼人员。这时候，如果售楼人员不能确定客户真实的异议是什么，没有找出客户真正的反对理由，只是根据对方口头上的理由来处理，就好像瞄错目标射错靶一样，恐怕努力了半天，时间也浪费了一大把，最后的效果还是零。因此，当客户提出异议时，售楼人员首先必须了解对方拒绝的真正理由，洞悉其异议背后的真相。

正确应对示范1

售楼人员：“张先生，您觉得这套房子怎么样？”

客　　户：“不怎么样。”

售楼人员：“张先生，您能具体告诉这房子哪些方面不适合您吗？”

客　　户：“这套房子面积太大了，总价太高，我担心我的首付不够。”

售楼人员：“哦，是这样的啊。张先生，刚刚您说您是教师？”

客　　户：“对啊，怎么了？”

售楼人员：“我们楼盘的按揭是在××银行做的，对于一般客户，他们都要求必须有三成首付；但对于公务员和事业单位的职工，可以申请到两成首付。”

客　　户：“真的？”

售楼人员：“是的，这样您的首付就够了。同样的首付，能够买一套更大的房子自然更划算，一步到位，不用考虑以后再换房了，何况现在的银行利率又这么低。”

点评：面对客户的否定，售楼人员不能就此打退堂鼓，而应利用“为什么”这把利器，引导客户说出自己内心的想法，只有这样才能及时调整自己推介的方向，做到“药到病除”。

正确应对示范2

售楼人员：“陈小姐，您觉得这套房子怎么样？”

客　　户：“我觉得它不适合我。”

售楼人员：“为什么呢？”

客　　户：“这里交通不是很方便。”

售楼人员：“陈小姐，刚刚我们才谈到，最近这里在修建地铁，再过三年地铁就通了。我们楼盘就在地铁边上，交通不成问题的。”

客　　户：“这个我知道，但我还是觉得它不适合我。”

售楼人员：“陈小姐，我觉得除了交通这方面，您是不是还有其他顾虑？您能否和我说说看，我们一起看看什么样的房子更适合您？”

客　　户：“我只是觉得这里的户型太大了，总价太高。”

售楼人员：“嗯，陈小姐，谢谢您如此坦承。来，我给您分析分析……”

点评：客户的顾虑可能是多方面的，只有挖掘到真正的症结所在，才能根除客户的顾虑。

情景 40：没听说过你们这个开发商

随着房地产市场的迅速发展，大大小小的开发商也如雨后春笋般冒了出来。除了一些全国性的品牌开发商以及曝光率较高的大开发商，对房地产不了解的人很少知道中小开发商的名称。在楼盘销售中，经常会听到客户有“这开发商没听说过，是个小开发商吧”或者“我怎么没听说过你们这个开发商”之类的疑问。作为售楼人员，该如何消除客户的这种疑虑呢？

错误应对

1. “不会吧，我们经常在媒体上打广告啊。”

点评：这种回答有暗示客户孤陋寡闻的意味，会让客户感到不舒服，而且对于说服客户信任你们公司也毫无裨益。

2. “我们公司确实才刚成立不久。”

点评：客户如此质疑的深层意思就是对你们的实力不放心，而你这样的回答无疑是肯定了客户的疑虑，客户就更不会放心地在你这里买房子了。

情景解析

客户提出没听说过这个公司，这在实际售楼工作中经常遇到，属于正常现象。如果确实是新崛起的小开发商，售楼人员不需要否认这个事实。但是说实话需要讲究技巧，尽量把这个缺点转变成利于销售的优点。比如小开发商为了打开市场，给早期业主留下好口碑，一定会非常注重建筑的品质，而且价格相对大开发商而言更加实惠；如果是客户的误解，或者是客户自身原因导致，不能用责怪的语气同客户说话，而要先从自身寻找原因，是因为广告宣传力度不够还是公司把重点放在楼盘的质量特色上，然后向客户详细介绍公司情况，自然地把楼盘的卖点和优势传递给客户。

售楼人员一定不能小视这类对公司或品牌的异议，它会影响到购房者对楼盘以及对售楼人员的信赖度，继而影响交易进程。在化解客户异议的时候，最好能提供一些有力的证据来支持自己的说法，引导客户自行搜索资料。比如建议客户可以从楼盘半年内的广告投放情况来看，一般情况下，广告的持续投放量大，说明开发商的财务状况良好，楼盘市场反映尚好；或者建议客户上网搜索开发商资料，查看公司之前开发过的楼盘及业主的反馈；也可以从楼盘现场的建造进度下手，告诉客户楼盘从开工到现在从无间断，资金情况良好，工程无重大问题等。

正确应对示范1

客　　户：“这开发商没听说过，是个小开发商吧？”

售楼人员：“王先生，您没听说过也不奇怪，我们公司老总虽然有将近20年的房地产从业经验，但是他做事一贯低调，很少把精力放在楼盘的广告宣传上，而是专注于开发特色项目了。”（认同客户，并说出理由）

客　　户：“哦，你们老板是哪里人？”（客户露出感兴趣的表情）

售楼人员：“我们老板是××人，他一直跟我们说他不是个商人，也不是个地产人，倒像个诗人。他不要求我们的学历，但却非常看重我们的文学功底，一直教育我们要多学习、多写字，而且经常督促我们多掌握专业知识，比如什么时候该走什么程序，什么时候做什么事情，而且要主动去做。所以，我们公司人不多，但是每个人都能独当一面。我们公司这帮人都在房地产行业干了很久，对相关知识都非常熟悉。”

点评：客户最终关注的其实就是自己的利益，如果能将他的质疑消除，那你的话术运用就是成功的。

正确应对示范2

客　　户：“这开发商没听说过，是个小开发商吧？”

售楼人员：“王先生，看来您对房地产行业挺了解的。您说得没错，我们公司不大，但‘麻雀虽小，五脏俱全’，我们公司有一套严格的经营管理体系，非常注重企业的信誉和客户的口碑。业内都说‘早期的业主是最好的广告’，此次我们公司投入非常大，就为了开发这个有特色且有质量保证的楼盘，让你们这些早期入住的业主满意，再帮我们宣传宣传。很多大的地产公司都是这么一步步发展起来的。”

客　　户：“嗯……”（还略有迟疑）

售楼人员：“上个月，也就是‘五一’的时候，我们做了一个现场咨询活动，到现场咨询的客户络绎不绝，公司对这个楼盘是非常有信心的。‘五一’过后也有很多客户过来咨询，问什么时候封底、什么时候开盘。您看，我这里还有活动的照片。”（拿出资料增加可信度）

点评：客户买房往往很看重开发商规模的大小，其最主要的原因是大的开发商对楼盘的品质等可能更有保障。如果通过售楼人员的阐述，能将“开发商虽小但是楼盘质量同样值得信赖”这个主题向客户表达清楚的话，客户对开发商规模大小的顾虑也就随之弱化了。

情景41：这位置太偏了，我还是想住在繁华点儿的地方

随着城市房地产开发速度的加快，市中心的土地变得日益稀缺，很多新开发的楼盘都建在一些城市新区或郊区。由于地段远离市中心，很多客户会表示楼盘位置太偏僻，而自己想住在繁华点儿的地方。遇到客户提出这种异议时，售楼人员该如何应对？

错误应对

1. “不会啊，怎么会偏呢！”

点评：这种回答有种欲盖弥彰的感觉，不仅不能让客户释疑，还容易让客户对你个人产生坏印象。

2. “这样的位置还偏啊，其他客户都没这样讲。”

点评：这样的回答有责怪客户的意思，暗示客户吹毛求疵，容易引起客户的不满。

3. “正是因为位置比较偏，所以价格才会这么便宜。”

点评：用价格优势来弱化区位劣势是正确的做法，但是直接承认位置不好却强化了客户的顾虑。换成“您不觉得我们的价格很实在吗”这样来回答，更加具有说服力。

情景解析

有过多年房地产销售经验的人都知道，对于买房者来说，在看样板房之前，一般都侧重小区内部和外部的宏观环境。而楼盘位置涉及地段、交通、周边配套设施多方面的问题，往往是客户最先关注到的问题。

客户不是傻瓜，他们有些甚至是专业的买家，很清楚房子到底有什么不好的地方。如果你试图掩盖这些缺点，他们会认为你不够诚实。如果你说了缺点，但是方式不当，那么在无形中就会将缺点放大。因此，最好的方法就是先讲缺点再讲优点，以抵消客户不满的态度。既然楼盘位置较偏已经是不可辩驳的事实，极力否认绝对是不明智的做法，售楼人员可以用“负正法”有技巧地说实话，弱化楼盘的缺点。

针对位置不好的问题，售楼人员可以从楼盘的规模、未来周边设施的完善、升值潜力、价格较低等多方面优势入手，进行详细的阐述。

正确应对示范1

客　　户：“这位置太偏了，我还是想住在繁华点儿的地方。”

售楼人员：“是的，王先生，虽然从目前来看，这里的位置比较偏僻，周边也不如市中心繁华，但是我们楼盘这个位置是城市未来的发展方向。您也知道，区政府在明年就会迁到这里，政府也会加大这里的投资和建设力度，到时候市政配套逐一完善，若干年后这里将会由郊区变成市区，肯定会变得非常繁华的，这里的房价也将大幅上涨。”（利用“负正法”进行说服）

客　　户："那是几年后的事情，谁知道将来究竟会怎样啊！现在你看，周边什么都没有，我想买个东西都不方便。"（客户听了有所触动，但还未被说服）

售楼人员："这一点您不用担心，我们开发商已经考虑过这个问题，新区的楼盘与市中心相比除了价格较低，还有一大好处就是规模较大，小区内配备了非常完善的生活设施，活动场所就不用说了，你看这一排店面，将来会有小型超市、餐馆、干洗店、取款机等，一切基本生活配套都可以在小区内找到。"

点评：面对客户的质疑，不针锋相对地驳斥，而是以自己楼盘的优势来弱化客户的顾虑，这是一个非常明智的做法。

正确应对示范2

客　　户："这位置太偏了，我还是想住在繁华点儿的地方。"

售楼人员："王先生，您是觉得我们这儿离市区较远，是吗？"（确认客户异议）

客　　户："是的，××楼盘的位置就比你们的好。"

售楼人员："王先生，虽然××楼盘的位置离市区比我们近了一点，可是你知道，那儿的交通是个很大的问题，走到公交站都要20分钟。我们这儿目前交通差了点，但是这只是个时间问题，过几年××隧道打通了，开车不用15分钟就能到市区。"

客　　户："你蒙我吧，你说几年后，是几年呢？"

售楼人员："王先生，这个您不用担心，建隧道的事情可不是我随便瞎掰的。您看，这是我们公司从市规划局拿来的规划图。买房子也就是买预期，买将来的升值潜力。我相信您不会忽略未来的发展前景吧？"（拿出可靠的证据）

客　　户："就算你没骗我，但是我们现在的生活怎么办？除了几个楼盘，周边什么都没见到。"

售楼人员："这您就更不用担心了，开发商已经考虑过这个问题，新区的楼盘与市中心相比除了价格较低，还有一大好处就是规模较大，小区内配备了非常完善的生活设施，活动场所就不用说了，你看这一排店面，将来会有小型超市、餐馆、干洗店、取款机等，一切基本生活配套都可以在小区内找到。”

点评：客户的顾虑可以分解为两个部分来一一化解，那就是远景规划和楼盘自身的配套设施，客户的远虑、近忧都被解除了，自然就更有购买的热情了。不过，需要注意的是，有关远景规划的介绍一定要实事求是，否则只会是“自掘坟墓”，最后难以收场。

情景42：小区环境是不错，可是周边太杂乱

“楼盘周边是农村，非常杂乱”是郊区楼盘共同的特征，正因为楼盘偏远，还未完全开发，周边会显得较为杂乱。很多客户看到这样的环境后，会有落差感，便会提出异议。

错误应对

1. “还好吧，郊区盘都是这样。”

点评：这样回答有责怪客户孤陋寡闻的意思，容易引起客户的不满。而且等于承认了自己楼盘的环境不好，客户就更不愿意购买了。

2. “已经有很多客户买了我们这里的房子，他们都不介意。”

点评：拿已经购买此处房子的客户作为案例来讲没有错，但错就错在了表述方式上，客户听了会认为售楼人员觉得自己无理取闹、吹毛求疵。

3. “可是这里房价低啊，而且附近的物价也没市区那么高。”

点评：用价格的优势来弱化地理位置的劣势是正确的做法，但一定要注意表达的

方式，否则，可能会让客户觉得在你眼里他就是个贪图便宜的人。

4. “这些旧房迟早都要拆迁重建，那个时候就不会杂乱了。”

点评：用未来的规划来化解这个异议是非常好的做法，但是表达的时候要专业一些，最好引用专家看法或市政规划图这些证据来支持，这样会更加具有说服力。否则，客户会认为你是为了敷衍他而信口雌黄。

情景解析

周边环境是客户非常直观就能看到的东西，是无法辩驳的事实。因此，同样可以利用“负正法”来分清主次，对于楼盘周边杂乱这一缺点简单陈述，重点强调楼盘的其他优点，转移客户的注意力。

一般来说，郊区楼盘的市政配套都相对落后一些，尤其是有些小区旁边都是旧房，没有规划，显得比较杂乱，这是一个不可避免的缺陷。

郊区楼盘虽然地段优势不明显，但是也有很多优势，其中最大的优势就是价格低，相对市区的房价显得很实惠，很多客户就是为了价格便宜才选择郊区楼盘。而且若是该郊区处于交通要道或者地理位置良好，有很大的发展潜力，那就非常适合投资。因此，售楼人员在向客户解释的时候，可以先询问客户是自住还是投资，再针对客户的购买目的，作不同的重点介绍。以自住客户为例，应向其介绍便捷的交通、实惠的房价、自成一体的小区规模、低价消费品等多种好处，当然还可以向客户灌输一些投资的想法，让他知道买这儿的房子自住和投资两不误。

如果楼盘位于规划区内，几年内会大规模拆迁重建，那么这是一个说服客户的好理由。最好用一些生动的语言，向客户描述一下这里几年后的景象，如要建公园、高档小区、大型超市等，让客户产生美好的想象。

正确应对示范1

（针对以自住为主的客户）

客　　户：“小区环境是不错，可是周边太杂乱。”

售楼人员：“是的，王先生，目前我们这里周边比较乱，不过这种情况只是暂时的。您也知道，开发商是不会随便在哪个地方买地建房子的，都要做大量前期调研，而且要配合片区的规划，经过多重考察过后才确定项目选址的。您看，这是我们公司从规划局拿到的片区规划图，未来五年内，这附近都会逐步开发，建各类商品房，其他市政配套也会相应地完善。”

客　　户：“规划是很好，但这是好几年后的事情，如果我现在买了这里的房子，上班也不方便啊。”

售楼人员：“张先生，请问您是开车上班还是坐公交车?”

客　　户：“开车。”

售楼人员：“我们这里交通十分便捷，不管是坐公交车还是自己开车，都可以方便地来往于全市很多地方。像您自己开车的话，就更方便了。”

客　　户：“嗯……”（客户还有所迟疑）

售楼人员：“而且我们楼盘的价格相对较低，比较符合大家的经济承受能力。您在市区买一套80平方米的房子，在我们这儿都可以买个120平方米的大房子了。如果您手头宽裕的话，就算不住，买一套来投资，过几年这里发展起来了，房价就跟着一直涨，转手或出租都是一笔很可观的收入。”

点评：用楼盘的优势来弱化客户顾虑是一个非常正确的做法。但一定要注意，你所说的这些优势一定要有据可循，绝不能为了吸引客户而信口雌黄，否则最终只能是“搬起石头砸了自己的脚”。

正确应对示范2

(针对以投资为主的客户)

客　　户:"社区环境是不错,可是周边太杂乱。"

售楼人员:"王先生,我记得您之前说过这次买房是打算投资,对吧?您也知道,买房投资最看重的就是房子的升值潜力,我们楼盘虽然周边比较杂乱,但是这只是暂时的。您看,这是我们公司从规划局拿到的片区规划图,未来五年内,这附近都会逐步开发,建各类商品房,其他市政配套也会相应地完善。对于投资者来说,在这边买房是个很好的选择。几年后,这里繁华起来了,房价水涨船高,转手或出租就是一笔不小的收入。"

客　　户:"你说得没错,但能不能发展起来,目前还是个未知数。"

售楼人员:"王先生,您也了解过我们楼盘了,小区自成一体,配套齐全,规模可以说是这个片区里较大的一个。如果没有升值的前景,公司会这么大手笔地投入吗?而且由于是在郊区,房价比市区低很多,很多像您这样的客户都来我们这儿买房投资,他们都是看好了这里未来的发展前景。"

点评:**针对不同类型的客户要有不同的推介方案:对于自住型的客户,就要强调楼盘的远近期规划以及配套设施的完善等;而对于投资型的客户,则要强调楼盘的升值空间以及投资回报率等。**

情景43:虽然交通便利,但是太吵了,不适合居住

楼盘如果靠近马路、高速公路、飞机场、火车站等地,虽然交通十分便利,但是噪音相对较大,居住时会觉得太吵。如果附近有较大或较多的娱乐场所,晚上尤其是凌晨之后也会很吵,很容易影响到正常的作息。客户来看房的时候,一般都会提出这

个异议，售楼人员要如何化解呢？

错误应对

1. “只是白天比较吵，晚上就不会了。”

点评：这样的解释是徒劳的，因为你已经承认确实很吵。

2. “不会一直很吵的，只是偶尔。”

点评：这种说法同样缺乏足够的说服力，而且有种欲盖弥彰的感觉。

3. “现在哪儿的楼盘都这样，生活区和商业区混在一起，难免会有点吵。”

点评：这样的回答暗示客户过于挑剔，而且有强言狡辩的意思，容易引起客户的不满。

4. “虽然比较吵，但是价格比较便宜。”

点评：这是用负正法来帮助客户分清主次，但是客户买房的目的是为了居住，环境过于吵闹的话，即使价格相对便宜一些，也很难对客户形成足够的吸引。

情景解析

周边太吵是有些楼盘无法避免的缺点，也是售楼人员无法改变和无法掩饰的。当客户明确指出来这一点的时候，有以下三种应对方法。

第一种是转移话题。这比较适合于售楼人员与客户比较熟悉的情况，前提是售楼人员通过观察和调侃，掌握了客户的性格特征，懂得用客户喜欢的方法或话题来转移客户的注意力。客户在表示周边太吵的同时也肯定了交通便利这一优势，售楼人员可以在这点上做文章，比如询问客户今天是否开车来的、开了多久的车、路况怎么样等。

第二种是利用“负正法”强调楼盘的优点。如果楼盘有价格优势，则以低价取胜，用对比的方式，向客户表示用同样多的钱在市区只能买一套 90 平方米的房子，而在这里可以买一套120平方米的房子，用具体的数字来刺激客户，让他们对价格有一个更为清晰的感受；如果楼盘位于成熟商业圈，则将周边完善的配套设施及地段作为优点来重点强调，告诉客户他可以享受到的诸多便利。

第三种是让客户明白这一不足之处并不是无法补救的。售楼人员可以告诉客户，这个缺点只要通过一些小小的改造措施就能补救，比如只要安装一个双层隔音玻璃（最好向客户推荐一些有较强隔音功能的玻璃窗），把窗户一关，就可以把大部分噪音挡在窗外，再也不用为噪音而烦恼。如果马路边上有绿化，也可以将其作为说服客户的工具，向客户表示绿化有降低噪音的功能。

正确应对示范1

客　　户：“交通是便利，可是也太吵了，不适合居住。”

售楼人员：“张先生，您今天是开车来的吧？这个路段很不错，红绿灯少，车辆也不多。”

客　　户：“是啊，从××大道到这里我只开了15分钟，要不是这两天下雨，估计10分钟左右就能到了。”

点评：这位售楼人员的话术运用得非常到位，他借助客户的亲身体验，让其明白了楼盘交通便利这个事实。不用多费口舌，一切都一目了然。

正确应对示范2

客　　户：“交通是便利，可是也太吵了，不适合居住。”

售楼人员：“虽然我们这里有点吵，但是您刚才也说了，交通十分便利，到哪儿都很方便。而且我们楼盘的价格在这个片区里是比较低的，您花100万元，在中心地段只能买50平方米的房子，但在我们这里可以买一套100平方米的房子。”

客　　户：“这不一样，市中心各方面条件都比较好。”

售楼人员：“您说得没错，中心地段各方面条件确实比较好，发展也比较成熟。但是在中心地段购买一套房子，资金投入太大，风险比较高，资金回笼也比较慢。我们这儿附近有好几个楼盘在建，配套设施会相应地逐步完善，有很大的升值潜力。您就算不自己住，用来投资也非常不错，出租的房租可以用来还房贷，等房价涨了转手一卖，就又挣了一大笔。”

点评：利益补偿法是说服客户的一个非常好的方法。客户更关注的往往是与自己切身利益相关的一些方面，售楼人员如果能找准切入点，就能比较容易地消除客户的顾虑。

情景 44：你们小区的绿化率才 35%，太低了

对于购房客户来说，绿化率当然是越高越好。绿化率越高，意味着小区绿化环境越好，越适合人们居住。35% 绿化率，这个数值算中等，不是太好，也不是不好。但是有些客户却认为 35% 的绿化率太低，售楼人员要怎么应对呢？

错误应对

1. “其实 35% 的绿化率已经很不错了。”

点评：这种回答没能提供有力证据或说法作为支持，很难令客户信服，而且也容易让客户误认为你是在强词夺理，反而进一步加重了客户的排斥心理。

2. “怎么会呢？您不了解，现在很多楼盘的绿化率连 35% 都达不到。”

点评：这样回答客户，就无异于告诉客户是他太孤陋寡闻，很容易引起客户的不满，甚至引起争论。

情景解析

当客户提出有关绿化率的问题时，售楼人员应懂得用房地产专业知识来应对，而不是一味地告诉客户“你的看法是错的”。售楼人员可以告诉客户绿化率的计算方法，并提供本楼盘绿化的占地面积和总用地面积的具体数据，建议客户自己计算。客户自己计算出来的数据，对其才更具有说服力。要知道，大部分客户都是外行，不可能比售楼人员更专业，以专业态度和专业知识去回答客户的异议，很多时候客户并不会反驳而是会退缩，并且会因此而欣赏你的专业能力。

还有一种方法，就是引用客户熟知或者较为出名的楼盘作为例子（选择的楼盘绿化率要在35%左右），首先询问客户对该楼盘绿化的看法，继而告知客户那儿的绿化率，让客户自行对比，以便让客户信服，相信35%的绿化率确实非常适合人们居住。

正确应对示范1

客　　户：“你们小区的绿化率才35%，太低了。”

售楼人员：“王先生，按照国家规定，新建住宅的绿化率不应低于30%，我们小区的绿化率达到了35%，已经远远超过规定标准了。”

客　　户：“你们说有35%，我哪知道有没有啊，难不成去量？”

售楼人员：“这个您不用担心，我告诉您绿化率的计算公式，还有我们楼盘绿化的占地面积和总用地面积的具体数据，您可以自己计算一下是不是真达到了35%。这个数据是需要通过有关部门检查的，我们不可能造假。”

点评：*数据是一个非常客观的东西，不掺假的数据摆出来自然有巨大的说服力。*

正确应对示范2

客　　户：“你们小区的绿化率才35%，太低了。”

售楼人员：“王先生，按照国家规定，新建住宅的绿化率不应低于30%，我们小区的绿化率达到了35%，已经远远超过规定标准了。”

客　　户：“你们这有这么高吗?”

售楼人员：“王先生，您知道前段时间卖的非常火的××楼盘吗?”

客　　户：“知道，我还去看过，环境不错，可是太贵了。”

售楼人员：“我也去参观过，小区的环境的确很好。您知道吗，那儿的绿化率也是35%，工程完成后，我们小区的绿化不会输给××楼盘，不信您可以去××楼盘的售楼处问问。”

点评：*类比法容易让客户看到实际的效果，而且，旺盘的说服力更强。*

情景45：你们楼盘的外立面也太难看了吧

美观的楼盘外立面是吸引购房者的重要因素，就如同人的脸一样。一个美观又能吸引人的外墙很能体现一个楼盘的档次，所以很多开发商在外立面的设计和用材上颇费手笔。但在消费者偏好日趋多样化的今天，任何一种产品都不可能同时满足所有人的偏好。有的客户觉得这个外立面好看有档次，然而有的客户却认为很难看。针对持有这类看法的客户，售楼人员要如何回答才能让他们满意呢?

错误应对

1. “我觉得一点儿也不难看。”

点评：俗话说“王婆卖瓜，自卖自夸”，你自己是卖楼的，肯定不会说它难看。更何况，“我觉得”带有明显的主观色彩，对消除客户的质疑毫无用处。

2. “不会啊，其他客户都说好看。”

点评：这种回答会让客户产生反感，觉得售楼人员是在说他没有眼光或者无中生有、故意挑剔。

3. “只是你自己欣赏不来而已。”

点评：这样回答的挑衅意味太重，客户听了肯定会不舒服，说不定还会引发言语甚至肢体上的冲突。

情景解析

每个人的品位和偏好都不一样，一个楼盘的外立面不可能同时让所有客户喜欢，设计师的设计只能最大限度地满足多数人的要求。当客户对此提出异议的时候，售楼人员不应该直接否定对方的看法和眼光，也不需要同客户争论它到底好看还是不好看，最好的应对方法就是“弯道法”。

所谓“弯道法”，是不直接回答客户，而是绕个弯，从侧面来回答。例如，客户表示外立面很难看，售楼人员可以询问客户喜欢哪种装修风格等，待客户回答后，随即感谢他的看法和建议，并表示会向公司反映，趁机结束该话题，转而介绍小区配套或环境等；或者转移客户的注意力，向客户介绍外墙材料，比如它不只美观这么简单，还具有防潮、防水、防噪音、保温等多种功能，让住在里面的人放心踏实；也可以告诉客户这是一种较新的外墙风格，只是一时看不习惯而已，等到楼盘全部完工后，配合小区里的各项配套，整体看起来会非常和谐。

正确应对示范1

客　　户：“这外立面也太难看了吧。”

售楼人员：“张小姐，您喜欢哪种装修风格呢？”

客　　户：“我觉得像××花园那种风格就很好看，显得大方典雅……”

售楼人员：“原来您喜欢西方风格的建筑，我们项目在开始设计时，也打算用西方风格，后来考虑到我们都是中国人，还是融入点儿中国元素来点缀，您的想法我会向公司反映的。张小姐，我带您去看看样板房吧。那儿的装修您肯定很喜欢。”

客　　户：“好啊！”

点评：*对客户所持观点的适当肯定有时可以拉近售楼人员与客户的距离，只有沟通顺畅了，才能找准时机将客户的关注点及时地转移到房子本身上去。*

正确应对示范2

客　　户：“这外立面也太难看了吧。”

售楼人员：“王先生，您注意到我们外立面的材料了吗？”

客　　户：“看了一下，怎么了？”

售楼人员：“既然说到了，我就好好向您介绍一下。我们外墙的材料不只是考虑到美观这么简单，为了让业主们住得更加安心，公司特地使用了进口的环保材料，它不仅防潮、防水、防噪音、抗紫外线，还有保温的功效。”

客　　户：“现在大家都讲究环保，这个不错，但是美观这方面做得太差了。”

售楼人员：“王先生，您现在看到的只是小区的一小部分，可能效果不太好。等到小区里面的绿化和各种配套设施弄好了，和外立面互相辉映，整体效果是非常好的。

而且很多客户都挺喜欢这个英伦古典风格，可能你一时看不习惯，它非常耐看，我相信您会越看越喜欢的。您这边请，我拿楼书给您看。”

点评：审美是仁者见仁的事情，售楼人员面对客户在这方面的抱怨不必过多纠缠，能一言半语带过的就带过，要及时将客户的注意力吸引到楼盘的整体优势上去。

情景46：配套设施太少了，生活不够便利

如今，人们对生活品质的要求日益提高，购房者对小区配套服务设施的要求也越来越高。配套设施已成为客户购买商品房的一个重要衡量因素，每个开发商在做楼盘的市场宣传时都会特别强调其在配套设施方面的优势。但实际上，并不是每个小区都有完善的配套设施，当客户就此提出异议时，售楼人员要怎么化解呢？

错误应对

1. “怎么会少呢，活动和休息场所都有。”

点评：这无异于客户想要一份燕窝你却端来一碗粉条，说“反正看起来差不多，吃起来也差不多一样”，缺乏应有的说服力，无法化解客户的异议。

2. “你想要什么配套啊？”

点评：这种反问句容易让语气僵硬，很容易让客户反感，认为你的服务态度恶劣。

3. “这边的楼盘都和我们的差不多。”

点评：售楼人员如何才能吸引客户？说白了就是将人无我有、人有我优的优势展现给客户。而这样的回答就等于告诉客户，自己的楼盘和别的楼盘差不多，就是一个普通的项目而已。既然都差不多，客户何必非得到你这儿来买呢？

情景解析

对于一个楼盘的配套设施，购房者当然觉得种类越全越好、档次越高越好。一般来说，配套设施是指与小区住宅规模或者人口规模相对应的配套建设的公共服务设施、道路和公共绿地的总称。但是在目前的房产市场环境下，很少楼盘能达到配套设施齐全的标准，这是一个不争的事实。

如果楼盘存在这一缺点，那么售楼人员可以采用“负正法”来应对，对楼盘所具备的优势、特色、个性等进行重点介绍，掩盖或者弱化配套设施不完善这一缺点。比如楼盘的价格相较其他项目来说有优势，售楼人员就要着重强调楼盘的性价比；或者项目所在的区位有很大的发展前景，则把项目发展前景与城市发展方向结合起来，向客户描绘项目未来的升值潜力。

如果设施不完善只是暂时的，以后还会继续完善，那么售楼人员最好拿出有力的资料或者证据来支持自己的说法，比如带客户到沙盘观看，或者到已完成施工的现场观看，再做些生动的描绘，以激发客户的想象力。

正确应对示范1

客　　户：“你们楼盘的配套设施太少了，生活不够便利。”

售楼人员：“张先生，您不用担心，这个只是暂时的，现在楼盘还在建，小区的配套设施将会逐步完善。您这边请，我向您介绍一下。”（把客户引导沙盘边）

售楼人员：“您看，这里会有篮球场，旁边是健身设施，还有……”

客　　户：“你们开发商就是讲得好听而已，交房的时候就什么都没有了。”

售楼人员：“张先生，您是老板，肯定比我还明白信誉对一个企业来说有多重要。再说，我们公司的实力大家是知道的，而且我们项目分两期开发，如果首期出来后与宣传的有很多出入，那么肯定会影响后一期的销售，我们不可能这样堵自己的后路，您说对吧?”

客　　户：“是这个理儿。”

点评：当客户对你所给出的规划心存怀疑时，最直接有效的方法就是利用“公司重信誉、不会自毁名声”这一说法来进行说服。

正确应对示范2

客　　户：“小区配套设施太少了，生活不够便利。”

售楼人员：“王先生，您不觉得我们的价格非常实在吗?”

客　　户：“可是运动也太不方便了，连个羽毛球场都没有。”

售楼人员：“您看过我们的样板房，知道我们楼盘的品质，户型设计不仅科学、实用，而且还非常人性化，为业主最大化地利用了空间。俗话说鱼和熊掌不可兼得，我们项目强调的是实用主义，注重的是房子本身，所以在配套设施方面做得不够。但是如果在配套设施方面再增大投入的话，房子就不是这个价格了。”

客　　户：“说的也是，但不能运动，住着也太不舒服了。”

售楼人员：“其实这点您不用太担心，您可以到小区外面运动啊。附近500米左右就有一个公园，您可以在那儿跑步，傍晚也可以和家人在那儿散散步，呼吸一下新鲜空气，一举多得呀。”

点评：鱼与熊掌不可兼得，这是谁都明白的道理，客户买房子也是同样。售楼人员要利用自己的话术，防止客户的注意力跑偏，合理地弱化客户所指出的缺点，将其注意力往他真正看重的、积极的方面引导。

情景 47：期房风险太大，还是买现房好

在中国房地产市场里，很多楼盘都是期房销售模式。由于楼盘尚未竣工交房，购房者心里多少有些担心，担心会不会成烂尾楼，担心开发商会不会卷款潜逃等。对于客户的这种心理，售楼人员该如何引导呢？

错误应对

1. “放心吧，大家都是这么买房的。”

点评：这样的回答并没有消除客户的疑虑。

2. “您这么说，是不相信我们了？”

点评：客户凭什么非要相信你们？客户本身就信心不足，售楼人员这么说只会让客户变得难堪。

3. “放心吧，我们是大开发商，绝对不会有问题的。”

点评：没有拿出具体、有力的证据来证明自己，凭什么就说没问题了？

情景解析

买期房还是买现房，对于许多购房者来说是一个艰难的抉择。其实，期房和现房各有优劣，没有绝对的好坏之分。不同的人有不同的看法，最重要的是根据自己的需求和关注点，作出对自己最有利的选择。

当客户提出对购买期房的顾虑时，售楼人员首先要通过举例或拿出有力证据来证明本公司的实力，取得客户的信任；另外，要向客户分析期房的优点，让客户明白购买期房所能得到的各种好处，以消除客户的不安情绪。

期房是指开发商在取得商品房预售许可证后到完成商品房初始登记为止所出售的商品房。习惯上，我们把市场上在售的、尚未完工的、不能马上交付使用的商品房都称为期房。购买期房具有如下优点。

（1）价格低

开发商之所以乐意以期房出售，其中一个最为主要的目的就是募集资金。房地产开发需要大笔的投资，而且投资周期较长（通常情况下一个楼盘的开发需要两年以上的时间），对于大多数开发商而言，资金是非常具有吸引力的。因此，为了吸引资金，在期房销售中，开发商一般会采取“低开高走”的价格策略，在销售前期给予消费者较大的优惠。通常情况下，同一项目期房价格相对现房一般要优惠10%～40%，这也是新盘在开盘时总是人气比较旺的原因之一。

（2）设计先进

在规划设计上，期房通常具有较大的优势。由于建设日期的不同，期房的规划设计理念会与目前的市场流行趋势更为接近，而且大多避开了当前市场上现房的设计弱点。此外，为了促进销售，有些开发商还会推出客户可按自己构想改变房型格局的方案。

（3）选择余地大

人们通常会发现，去一个已经建好的现房项目买房时，那些楼层好、朝向好、户型结构好、景观视野好的房子基本上都已经是“名花有主”了，剩下的都是或多或少存在某些缺陷的房型。相比现房，期房的选择余地较大，客户可以抢占先机，优先选择综合品质较好的房子。特别是在销售初期，由于销售工作刚刚展开，购房者在房型、面积、朝向、楼层等方面都会有更多的选择。

（4）升值潜力大

从期房到现房，价格通常会有一个较大的提升，也就是说，期房的升值潜力要更大。如果客户眼光好些，多了解一些市政和道路规划，在一些尚未形成规模的区位购买期房，增值空间就更为明显。

（5）质量好控制

由于期房尚处在建设中，购房者更容易发现质量问题，尤其是墙体、地板、隐蔽电路等建好以后不易看到的情况。

正确应对示范1

客　　户：“你们还没竣工，等建好了我再买吧。”

售楼人员：“张小姐，换了我是您，看房时看到的是一片空地，心里难免也有点没底，但您可清楚，今天即使您看的是现房，有可能同样会不满意。”

客　　户：“哦，为什么？”

售楼人员：“一个楼盘从规划施工到建成通常需要两三年。如果您现在看到的是现房，那设计肯定是几年前的，现在的房地产市场发展那么快，几年前设计的户型都过时了，肯定不如期房设计新颖。比如说外飘窗以及无烟灶台、集中烟道，目前市场上的现房几乎无一采用，但我们都用上了。还有，如果等到房子看得见、大家都想买的时候，价格肯定不会像现在一样优惠了，中间至少有30%的差价，也就是说风险和回报是同时的。”

客　　户：“嗯，说得也是。就是我父母老是担心这担心那，我再和他们说说。”

点评：售楼人员的一句“换了我是您”拉近了与客户的心理距离，使客户更愿意倾听你具体的分析。

正确应对示范2

客　　户：“你们现在说得那么好，不会建起来就不一样了吧？”

售楼人员：“张小姐，这怎么可能呢？首先，图纸是报批了的，都在房管部门备了案的，如果有一点点走样，验收时肯定通不过。再说我们的工程单位是××集团公司，是国内在高层建筑方面实力数一数二的公司，是有质量和信誉保证的。况且现场还有我们工程部的监督，每层都要验收才能继续建。我们这是第一期工程，如果建不好，二期、三期工程怎么往下进行？”

点评：买期房不像买现房那样可以看得到房子的现实状况，客户有这样或那样的担忧也是完全可以理解的。这个时候，售楼人员就应该提供一些硬性的保证给客户，让他能够踏踏实实地看房、买房。

情景48：你们楼盘还有小户型？人太杂了，不够档次

一些以大户型为主的高档盘面对的消费群体主要是经济条件较好的人士，他们比较注重生活品质和楼盘档次，多数希望通过买房达到提高身份的目的。如果楼盘有小户型，他们会认为居住的不是同一生活水平的人，人员组成太复杂，会显得楼盘不够档次。面对客户这种异议，售楼人员要怎样去应对呢？

错误应对

1. “怎么会呢？我们这里的小户型也不便宜啊。”

点评：这样的回答与客户的问题风马牛不相及，容易让客户对你的办事能力产生怀疑。

2. “我们不可能全都开发大户型。”

点评：这种回答实际上认同了客户“人员复杂、不够档次”的看法，会加重客户的疑虑，从而对楼盘产生排斥心理。

情景解析

由于目前房价高居不下，购房者对低总价住宅的需求有上升的趋势，因此小户型在市面上十分走俏。在这种形势下，开发商纷纷推出小户型项目，一些以大户型为主的高档楼盘也会迎合购房者需求，推出一定数量的小户型，并且这也是有效提升项目利润的

一种方式。小户型的存在是售楼人员无法改变的事实，面对持有此种异议的客户，售楼人员要做的就是改变他们的观念，告诉他们小户型不等于低端，不等于人员复杂。

首先，售楼人员应向客户保证你们楼盘的档次并不会因为小户型而降低，而是为了顺应市场需求作出的调整，楼盘的高端定位始终没有改变；其次，告诉客户前来看小户型或者已经购买小户型的客户，都是高学历、有素质的人士或多次置业的投资者等，打消客户的这一疑虑。

有一点需要注意，持有此种异议的客户，购房动机多为改善型，他们买房追求的是物质和精神的双重享受。所以，售楼人员在接待这类客户的时候，要多进行赞美和恭维，而且把推介的重点放在突出小区档次的方面上，比如小区会所、小区环境、物业管理等，向他们传递一种生活的优越感。

正确应对示范1

客　　户：“还有小户型？人太杂了，不够档次。”

售楼人员：“张总，您可能误解了。我们楼盘高档社区的定位一直没有改变，推出一小部分的小户型，是顺应市场需求。毕竟，并不是每个人都像您一样成功，都能买得起大房子的。”

客　　户：“就算是这样，可是小户型什么人都能住，太杂了。”

售楼人员：“您放心，现在已经购买小户型的客户都是高学历、高素质的年轻人，还有的是以投资为主的大老板。上次我们同事小李接待的一位客户好像就毕业于您女儿现在读的大学，都是知识分子。而且就算小户型总价比较低，我们这里这么好的地段，单价比大户型还要高，也不是一般人能买得起的，您说是吧？”

点评：客户质疑小户型的主要原因是担心住户的素质参差不齐，此时，运用例证法就是一个极好的方法，它可以让客户对该问题有一个直观的了解。而且，售楼人员

也应同时强调小户型虽然面积小，但是单价更高，也不是随便谁想买就能买得起的，这就更增强了说服力。

正确应对示范2

客　　户：“还有小户型？人太杂了，不够档次。”

售楼人员：“张总，您可能误解了，我们开发的是高端的小户型，虽然面积不大，但全都是精装修，有别于市面上一般的小户型。而且，小户型的开发成本会高一些，单价比大房子还高。刚开盘的时候，来看小户型的人当中有很多都是成功人士，说是买给孩子住。有的客户还通过各种关系让开发商给留一两套房子呢。”

客　　户：“你乱讲的吧。”

售楼人员：“我怎么敢乱讲呢？您人脉那么广，一打听就知道我说的是真是假了，您说是吧？您知道市中心那个××项目吗？”

客　　户：“知道，高档楼盘。”

售楼人员：“那个楼盘也有不少精装小户型，您看，楼盘档次没有降低吧，而且那儿住的也都是像您这样的成功人士。”

点评：运用类比法可以让客户对某件事有更为直观的了解，有很强的说服力。

情景49：户型太小了，不够大气

若不考虑经济承受能力，绝大多数人都喜欢大一点的房子，毕竟住得宽敞才更舒适。但“面积大”是与“总价高”相对应的，有些客户的购房预算仅仅能买80平方米的两居室，但却嫌弃户型太小，显得不够大气。俗话说“鱼和熊掌不可兼得”，售楼人员应该怎样平衡客户想要“兼得”的心理呢？

错误应对

1. “我觉得不会啊，小户型也可以很大气的。”

点评：“我觉得”是一个非常主观的判断，而且没有充足的理论事实作为依据，客户容易误认为你是为了推销在忽悠他。

2. “要大气，您可以买大户型。”

点评：这种回答的挑衅意味太浓，任何人听了这样的话，都会认为你在嘲笑他买不起大户型。

3. “小没什么不好啊，经济实惠。”

点评：经济实惠确实是小户型的优势所在，但是这样回答没有针对客户提出的“不够大气”作出解释，不足以让客户信服。

情景解析

如果客户的经济能力有限，买不起大户型，售楼人员应委婉地告诉客户，对住房的追求更多应放在其实用性上。一套120平方米的三居室比80平方米的两居室总价至少多出30%。小户型只是一个过渡住宅，等以后经济宽裕了，可以再购买大户型，这样全家人的经济压力不会那么大，这才是家居生活的发展方向。

如果客户关心的就是一个面子问题，那么就要从小户型也可以制造出大气的效果出发来说服。比如，可以建议客户把客厅和餐厅相连，起到延伸视线的作用；或者建议客户买小一号的家具，以让室内空间显得更大；假如小区有会所，可以建议客户在客人来的时候，带到漂亮体面的会所接待他们，喝茶、运动、听音乐，比家里更舒适惬意。

正确应对示范

客　　户：“户型太小了，不够大气。”

售楼人员：“王先生，这种80～110平方米的户型在我们这是最畅销的，特别受像您这样的年轻人喜欢。因为它不仅实惠，而且非常实用。就拿我们这儿120平方米的三居室和这套85平方米的三居室来说吧，120平方米的三居室总价最少高出35%，而且往后的装修费、物业管理费和其他各种费用也会相应增多，是一笔非常大的开销。对您来说，现在以事业为主，小户型只是一个过渡性的房子，您将来经济能力允许时，可以二次置业，把这套房子转手，便可以买一套大户型好好享受生活了。”

客　　户：“现在房价这么不稳定，谁知道到时候房价怎么样？”

售楼人员：“我做房地产这行也四五年了，选择小户型做房地产投资是较稳定的，不但成本、风险相对大户型小一些，而且灵活性也较大，出租或转手都很容易，绝对是自住、投资两不误啊！”

客　　户：“如果多来几个朋友，客厅内都坐不下吧。”

售楼人员：“王先生，我们年轻人每天上班早出晚归的，双休日不是在家休息就是出去玩了，在家的时间也不多。就算朋友多来了几个也没有关系，我们小区不是有个会所吗，您可以带他们到那儿喝茶、聊天、听听音乐，又轻松又体面，您也不用担心老婆要经常收拾屋子或影响家人休息了。”

点评：**对于处在事业上升期的年轻置业者而言，经济实惠是最容易吸引他们眼球的优势。当然，如果售楼人员能够提些建议来弱化他们的某些顾虑的话，那么你的推介就一定会所向披靡。**

情景50：户型太大了，一点都不经济实用

一个楼盘如果推出的户型比较单一，基本上为大户型，导致客户来看楼的时候，即使对房子比较满意，也会提出类似“户型太大，不经济实用”的异议。或者有些户型的设计不符合客户的要求，客户也会提出此类异议。如果客户对楼盘没有一点兴趣，是不会提出问题的，因此，售楼人员要懂得灵活应对，不要害怕客户找茬。

错误应对

1. “不会啊，大点住得舒服，也更加气派。”

点评：客户质疑的是房子的实用性，而售楼人员却在讲气派不气派，文不对题，不具有说服力。

2. “您这么有钱，还考虑这么多啊？”

点评：这样的回答主观性太强，且有将自己的意见强加于人的意思，很可能引起客户的不满。

3. “怎么太大了，这已经不算大的了。”

点评：这种回答算是对客户的直接反驳，与其说是回答，不如说是在刺激客户，很容易就激怒客户。

情景解析

面对该异议，售楼人员首先要确认客户是认为面积太大，还是对户型设计不满意，这样才能有针对性地进行处理。客户提出该异议，说明他比较注重房子本身，是实用主义者，比较看重实用价值，在化解异议的时候要时时记住这点。

如果客户是认为面积太大不好，那么售楼人员应改变客户认为大户型浪费的观念，再向客户灌输大户型给生活带来的好处，让他们认识到大户型是非常实用的。首先向客户展示大户型给生活带来的好处，比如大户型功能齐全且相对独立，可以保证个人隐私，而且大户型的住宅功能较全，又多个洗手间，有衣帽间或书房等，生活更加方便；其次向客户阐述购买大户型的原因，比如从长远来看，小户型是不太适合长期居住的，通常会作为过渡性住宅，因此，如果客户经济条件允许，应该选择大户型，省却换房的诸多烦扰。

当然，有些客户真正在意的并非面积太大，而是认为户型设计不好、不经济实用，或者人性化程度不高。虽然售楼人员不能改变户型的设计，但是可以给他们提供装修建议，比如建议客户在主卧隔出一个衣帽间，或者在走道的墙上摆一些木架用来当书柜或放小东西等，帮助他们最大化利用空间。

正确应对示范

客　　户：“户型太大了，一点都不经济实用。”

售楼人员：“不好意思，您是认为面积太大呢，还是对这个户型设计不满意？”

客　　户：“面积太大了。”

售楼人员：“张先生，140平方米的三居其实并不算太大，只能说是大气、舒适。您想想，一套三室两厅的房子，您和您爱人住一间，小孩子住一间，另外一间可以作为您的书房或客房都行，功能空间齐全且相对独立，既温馨舒服，又能兼顾个人隐私。您的父母来看你们或者逢年过节有亲戚朋友来，也有个落脚的地方。”

客　　户：“那我买个小户型的三居室也可以啊。”

售楼人员：“如果您现在买小户型，从长远来看，对您来说是非常不划算的。您也知道，小户型是不太适合长期居住的，毕竟孩子长大以后需要个人隐私，房子太小了生活空间就显得不够。等以后再换一套房子，不仅需要寻找合适的房子、适应新的生活环境，还需要重新装修和布置，耗时费力。”

点评：售楼人员是客户买房的参谋者，只要售楼人员能够站在客户的立场分析问题，客户就愿意接受你的意见或者建议，你们之间的交流也才能够更加顺畅。

情景51：两梯六户？等电梯都要等半天

有很多购房者会抱怨高层、小高层两梯六户不好，电梯不仅拥挤，而且很难等。售楼人员要怎样回答才能让他们接受这些不足呢？

错误应对

1. “我们也有一梯两户的，您要吗？”

点评：这种回答的语气充满挑衅，明摆着想拆客户的台，容易引发客户的反感甚至引起争执。

2. “其实也不会很难等，避开高峰期就好了。”

点评：这样的回答不光肯定了客户“电梯难等”的看法，而且更暗示客户电梯在上下班高峰期更难等，起到了相反的效果。

3. “不会啊，怎么会难等呢？”

点评：这种回答没有提供任何有说服力的证据，这样的辩解自然显得苍白无力。

情景解析

面对客户提出的这种异议，售楼人员并不需要去争论到底好不好等电梯，因为两梯六户的设计，遇到早晚上下班高峰期的时候，电梯确实会很拥挤或者很难等。所以，应该利用两梯六户其他方面的优势来弱化该不足。最好的办法就是与一梯两户或一梯一户的房子进行对比，显示两梯六户价格上的优势以及房子使用率上的提高。还有一点，对于一些年轻的客户，可以用潮流趋势来化解，比如引用报纸的报道，向客户说明有很多专家表示两梯六户是目前最实用、最流行的建筑结构，这是一种住宅趋势等，增加说法的可信度和说服力。

另外，也可以采用“负正法”来分清主次，让客户看到楼盘其他方面的优势，比如户型设计好、南北通透、居住舒适度高等，弱化电梯难等这个不足。如果客户买的是五层以下的房子，更可以建议客户偶尔爬爬楼梯，就当作锻炼身体了。

正确应对示范

客　　户：“两梯六户？等电梯都要等半天。”

售楼人员：“王先生，我承认，相对于一梯两户、一梯一户的房子来说，两梯六户这种楼的电梯比较难等。但是不知道您想过没有，如果是一梯两户，就不是现在这个价格了，每平方米会高出好几百块钱，而且房子的公摊面积也会增多，随之物业管理费也增加。买同样面积的房子，要多付出好几万块的钱，您认为这样划算吗？”

客　　户：“下班还好，多等一会儿电梯无所谓。可上班时怎么办，大家都在差不多时间坐电梯，多等几分钟很可能就迟到了。”

售楼人员：“王先生，您也知道，房子不可能十全十美，总是要有所取舍。我们都是年轻人，正是奋斗的时候，每天上班坐在办公室也很少锻炼。您看的房子就在五楼，有些时候，碰到坐电梯人多的时候，每天早起五分钟，走走楼梯，锻炼一下身体，也是个不错的选择，您说呢？这样不仅省了一笔钱，也赚到了健康。”

点评：任何事物都有两面性，房子的缺点从另一个方面讲可能就变成了优点。售楼人员就是要运用适当的话术，将客户向积极的方面引导。

情景52：这套房子没有电梯，楼层还这么高

错误应对

1. “一分钱一分货，有电梯的话就不是这个价了。”

点评：“一分钱一分货”不是想什么时候讲就什么时候讲的，它会让客户认为你是在故意给他难堪，会损害客户的自尊心。

2. “楼层不高吧，我看挺好的，用不着电梯。”

点评：这样回答，客户看不到你一点儿的同理心，会感觉你只是在敷衍，根本不可能被你轻易说服。

3. “那您的意思是想要电梯房?”

点评：售楼人员一定要少用甚至不用反问句。对于这样的反问，一些较为敏感的客户会认为你在讽刺他买不起电梯房，很可能会质问你是什么意思。

情景解析

有些客户认为楼层高一些的房子没有电梯无所谓，但是有些客户则认为这是房子的一大缺陷。客户提出该异议时，售楼人员不要害怕，也不要急于辩解，而是要引导客户双向思考，房子有其缺陷的一面，也必定会有对客户有利的一面。对于这种楼层较高，或者处于七楼顶楼却没有电梯的房子，在带客户看房之前，售楼人员就要先分析其优劣势，列出客户可能提出来的问题，并想好自己该如何回答这些问题。

若客户在意的是没有电梯，那么可以从房子的其他优点来做分析，“以优补劣”，比如视野较为开阔，采光和通风较好；房子单价低且公摊面积小，能有效降低客户的

经济压力；物业管理费也较低，可以为客户节省日常费用。如果客户在意的是房子位于顶楼，缺点是夏天太晒，那么相应地它的优点就是视野开阔，采光和通风好；价位低，还赠送平台，可以做个空中花园等。总之，售楼人员要懂得运用话术，引导客户朝着有利的方向思考，建议客户先权衡两方面再认真考虑。

正确应对示范1

客　　户：“这套房子没有电梯，楼层又这么高。”

售楼人员：“是的，的确是有点高。不过，南方的天气比较潮湿，楼层高正好有利于空气流通，降低湿度，而且房子里的光线也会比较好。您这么年轻，其实每天走走楼梯当做锻炼身体也是很不错的。”

客　　户：“爬楼梯的话，夏天回到家都一身汗，今天才20℃，我都流汗了。”

售楼人员：“没有电梯是比较不方便，但是相对于电梯房，我们这里的价格便宜多了。前面那个楼盘就因为是电梯房，每平方米就要15 000元，足足比这里高了1 000多元。还有物业管理费，比这里每月多上百元，一年下来可是笔不小的开支。”

客　　户：“那也是。”

点评：*任何事物都不可能是十全十美的，售楼人员要善于引导客户从积极的方面考虑问题。*

正确应对示范2

客　　户：“怎么是顶楼啊，夏天太晒。”

售楼人员：“其实现在顶楼很受欢迎，因为顶楼不会被前面的建筑遮挡，房内的光线很充足，空气流通也比较好，对人体健康还是很有帮助的。您也知道我们这儿夏天有多热，大家只要在家都是开着空调，所以晒不晒的影响不是很大。”

客　　户：“这都七楼了，怎么连个电梯都没有。”

售楼人员：“没有电梯是比较不方便，但是相对于电梯房，我们这里的价格便宜多了。前面那个小区就因为是电梯房，每平方米就要15 000元，足足比这里高了1 000多元。还有物业管理费，比这里每月多上百元，一年下来可是笔不小的开支。”

客　户：“那也是。”

点评：面对客户的疑虑，简单的反驳是无济于事的，售楼人员对客户疑虑表示理解，反倒可以拉近与客户的心理距离。在此基础上再加以分析，适当运用话术，让客户权衡利弊，作出积极的决定。

情景53：只是一栋单体楼，没有什么绿化和配套

单体楼是独立的一栋或几栋建筑，在很多购房者眼中，单体楼属于较差的楼盘，没有良好的环境也没有相应的配套设施。如果楼盘属于中低档次，有价格上的优势，那么购房者还能接受；但如果处于繁华地段、价格昂贵的话，很多购房者都会对此提出质疑：单体楼缺点这么多，为什么还要这么贵呢？

错误应对

1.“我们是高档楼盘，和其他低档小区不一样，价格当然比较高。”

点评：这种回答文不对题，对消除客户的疑虑毫无作用。

2.“也不是很差了，只是没有其他小区规模那么大，再就是环境差点。”

点评：这种回答不光认同了客户的说法，还一再强化“环境差”这样另外一个缺陷，会让客户更加望而却步。

3. “您想要什么配套啊?”

点评：售楼人员一定要少用甚至不用反问句，它总是让交谈的气氛突然凝固，会让客户觉得你服务态度差。

情景解析

单体楼的缺点和优点都非常明显，通常单体楼都位于比较繁华的地段，优点是地段优越，项目周边的市政配套设施完善；缺点是社区环境不足，也没有相应的配套设施，而且价格又高。客户在看楼时，会把这些缺点都提出来，希望在价格谈判中占据优势。面对这些实实在在的缺点，售楼人员应一一进行化解。

单体楼的环境差和没有配套设施是销售上较大的问题，也是客户较常提出的问题，开发商也会意识到这种问题，在开发时都会做一些弥补。比如，单体楼一般都属于裙楼，开发商会在裙楼的顶层或者低层（店面的上一层）做平台花园，以弥补环境方面的不足。单体楼建筑面积有限，不可能有小区盘那样齐全的生活配套设施，但开发商通常会留一个空间，开发成一个活动中心或者小会所，里面有基本的配套，如阅览室、健身室、儿童游乐区等。另外，售楼人员也可以强调，虽然生活配套不足，但是楼盘处于市区，周边市政配套完善，娱乐项目也十分丰富。

价格问题对客户来说较为敏感。单体楼一般属于高层项目，由于处于繁华地段，开发商为了获取更多利益，通常会把其定位为高档楼盘，也就是豪宅，价格远高于郊区的小区盘。客户提出价格异议时，售楼人员应从楼盘品质、地段价值、未来升值空间等方面去打动客户，建议客户用来投资或者商住两用。

以上所述主要针对的是处于繁华地段的单体楼，如果开发商把楼盘定位于中低档次，那么它最大的优势就是价格，客户提出环境或配套不足的异议时，向客户阐述开发商所采取的弥补措施的同时，还要多用价格优势来激发他们的购买欲望。

正确应对示范1

（高档单体楼）

客　　户：“这只是一幢单体楼，没有什么绿化，也没有配套设施，居然还这么贵？”

售楼人员：“王先生，不好意思，可能是我刚才没有向您介绍清楚，您这边请（把客户引至沙盘）。我们项目在开发时就考虑到了这些问题，所以在楼层顶部做了一个平台花园，您和家人可以到花园散步、看风景。在一楼这个地方，我们还特地开辟了一个室内活动室，足足有300多平方米，里面会有健身室、乒乓球桌、儿童游乐区等，保证了业主的基本活动需求。而且，我们楼盘就处于市中心，周边的市政配套非常齐全，市里最大的文体中心就在附近，您在那儿跑步、游泳、打球都可以，十分方便。”

客　　户：“××区那儿也有单体楼，也没你这这么贵啊。”

售楼人员：“您也知道，我们楼盘位于商业中心地段，周边十分繁华，项目对面就是大型商业城，房子有很大的升值空间。退一步来说，就算您不打算自己住，出租也非常划算，租金就可以用来还每个月的房贷了。几年后，一转手就又是一笔可观的收入。”

点评：高档单体楼的客户一般都是以投资为目的的，售楼人员要牢牢地把握住这一点，将房子的升值空间、投资回报率等利好一一向客户阐明，以激发其购买的热情。

正确应对示范2

（中低档楼盘）

客　　户：“这只是一幢单体楼，没有什么绿化，也没有配套设施，居然还这么贵？”

售楼人员：“王先生，我们楼盘的价格在这个片区里算是非常合理的了。您看，我们楼盘处于市区，周边的市政配套非常完善，超市、菜市场、银行、医院、餐饮等一应俱全。这么好的地段，每平方米才 20 000 元，比周边其他的小区盘足足便宜了 10%。”

客　　户：“价格再便宜，环境差、配套设施没有，住着也不舒服。”

售楼人员：“王先生，这个问题我们在开发的时候就考虑到了，所以在一层店铺的楼顶上专门做了一个平台花园，它就像是个小型公园，有凉亭、板凳、花花草草，还有一个适合小朋友玩的羽毛球场。傍晚的时候，小孩子们可以在平台花园玩，就在您眼皮底下，您也不用担心小孩子跑太远不安全了。”

点评：中低档单体楼盘的客户一般都是以自住为目的的，对他们而言，最具吸引力的就是楼盘的价格，再加上开发商为消除单体楼的缺点而采取的弥补措施，客户的疑虑就会被大大弱化。

情景 54：你们户型种类太少了，没什么选择的空间

户型种类的多少对客户来说其实不是什么大问题，或许他已经在这仅有的三四种户型中看中了其中的一种户型，但由于择优心理作祟，客户还是会说你们楼盘户型种类太少。即使楼盘有十多种户型让他选择，他也不会说多。这种情况售楼人员应该怎么应对呢？

错误应对

1. “有这么多户型可供您选择，还嫌不够啊？”

点评：反问句式总会让客户不舒服，最好少用甚至不用。

2. “这一种户型就很好了，要那么多户型做什么。”

点评：不同的人就会有不同的喜好，你喜欢的户型不代表客户也会喜欢，售楼人员切忌将自己的意见强加给客户。

3. “还好吧，其他客户都没这样说。”

点评：这样回答容易让客户认为售楼人员在责怪他吹毛求疵，自然会引起客户不满。

情景解析

客户提出这种问题，不外乎两种情况：一种是没有看到喜欢的户型，是真的在抱怨户型种类太少；另一种是客户为了在价格谈判中占据主导地位，而不断挑剔楼盘的缺点和不足。

面对第一种情况，售楼人员应根据之前与客户的接触所了解到的客户需求和想法，向客户推荐最适合他的户型，尽量站在客户的角度上，向其阐述此户型的优点和利益。或者以直接询问的方式，请求客户告诉自己他喜欢哪种户型，再根据客户的回答向其推荐符合其需求的户型。

如果是第二种情况，那么售楼人员就要用合理的解释来进行说服，比如户型太多了，人员会比较杂，不利于业主居住；或者表示这就是楼盘的定位，是专门为某一类型的消费者量身打造的。这样，不仅化解了户型太少这一异议，同时向客户灌输了项目定位，让客户对楼盘有一个更为清晰的认识。

正确应对示范1

客　　户：“户型种类太少了，没什么选择的空间。”

售楼人员：“张小姐，请问您喜欢哪一种户型呢？”

客　　户：“你们最大的户型才110平方米，我想要再大一点的，那样住着比较舒服，可是你这里都没有。”

售楼人员：“张小姐，现在市场上最流行的就是中小户型，这样的房型空间利用合理，且经济舒适。小户型对您来说太小，而房子太大了会显得空荡荡的，不够温馨，像这种110平方米的小三居户型，最适合您这样的白领阶层居住。如今人们不是都讲求精致生活嘛，您可以充分利用这110平方米的空间，把家里营造得温馨又有格调……”

点评：面对客户的质疑，售楼人员可以大胆地说出自己如果是业主会有怎么样的布局设想，这是同理心的最好运用，不光拉近了与客户的心理距离，你的一些专业建议也更容易被客户认同和接纳。

正确应对示范2

客　　户：“户型种类太少了，没什么选择的空间。”

售楼人员：“张小姐，我们项目户型种类确实不多，这是因为我们项目的定位是中档住宅，销售对象就是像您这样的白领和小资家庭，这几种户型都是通过反复市场调查、研究对比设计出来的，是专门为您这种档次和类型的客户量身打造的。近年来，这几种户型在白领阶层里是主流，非常受欢迎。您也知道，如果户型太多了，住的人也就杂了，相信您也不会很喜欢那样吧。”

点评：“少而精”可以凸显楼盘的档次，是说服客户的一个很好的理由。

情景55：你们项目太小了，小楼盘没档次

有些楼盘本身就是一个普通的或大众化的项目，而不是以高品质、大规模、高价位取胜，这类楼盘面向的就是普通买家。很多客户却不会这么想，他们会把项目小、

不够档次作为楼盘的缺点讲出来，希望售楼人员给出更多的优惠。售楼人员要怎么应对才能化解这个异议呢？

错误应对

1. “还好吧，也不是太小啊。”

点评：这样的回答只是售楼人员的主观判断而已，苍白无力，没有任何说服力，说了等于没说。

2. “这点我也不知道怎么和您说，看您自己喜欢就好了。”

点评：售楼人员充当的是置业顾问的角色，这种不负责任的表现会让客户质疑你的服务水平，继而对你所代表的楼盘也产生质疑。

3. “我也说不清楚，要不您回去和家人商量商量再说吧。”

点评：这种回答是赤裸裸的逐客令，有失服务水准，也会让你所在楼盘的形象大打折扣。

情景解析

开发商开发项目的时候，如果把楼盘定位为普通住宅，面向的消费群体是普通上班一族，那么该楼盘就谈不上高价位、高品质，呈现给购房者的就是一个大众化的楼盘。当客户从自身利益角度出发，把楼盘必然存在的不足当做缺点来说，售楼人员可以从以下两个方面入手予以应对。

一是从项目定位入手。把定位解释清楚了，客户就会对楼盘有一个更为全面的认识。但是，这会导致出现另一种情况：客户很可能会拿其他中低档价位的楼盘同你的楼盘作比较，表示他们的品质更好。面对这样的质疑，售楼人员可以强调自己楼盘的优点和特色，表示即使定位相同，也是各有特色的。

二是从价格上入手。对于普通住宅来说，价格是吸引购房者的最重要因素。如果情况允许，可以用折扣优惠来吸引客户。在客户对此犹豫不决的时候，表示会尽力帮他向公司争取一个较大的折扣优惠。

正确应对示范

客　　户：“项目太小了，小楼盘没档次。”

售楼人员：“王先生，我们楼盘的定位就是普通住宅，销售对象是上班一族，为了不增加业主的经济压力，我们在开发的时候以增强住宅的实用性为主，注重的是房子本身的价值。这样，我们的价位比其他楼盘低很多，可以说有绝对的优势。”

客　　户：“××楼盘的定位和你们差不多，人家小区的环境还是比你们好。”

售楼人员：“您也知道，每个人都有自己与众不同的地方，楼盘也一样。××楼盘的特点是小区环境，我们楼盘的特色就是户型设计。您看这几种户型，每一种设计都非常科学，朝向、楼间距也更加合理。”

点评：售楼人员不仅要熟悉自己的楼盘，还要对同类型的楼盘也有基本的了解，只有这样，当客户拿其他楼盘作横向比较时，你才能够将自己楼盘的独特优势完美地呈现出来。

情景56：你们社区太大了，住的人太多太杂

规模较大的楼盘，一般分为几期，动辄几十个楼座，属于人口密集的居住区。这样的大规模小区，人员较多，身份也较为复杂，业主的生活质量容易受到影响。因此，很多客户在看到大规模社区的时候，都会提出“人太多太杂”的质疑，售楼人员要怎么应对呢？

错误应对

1. “还好吧，社区大了住得比较舒服。”

点评：这种回答有点文不对题，而且仅仅是你的个人看法，对消除客户的疑虑毫无用处。

2. “不是吧，这样的社区您还就说太大？”

点评：这样的反问充满了挑衅和讽刺的味道，容易引起客户不满，甚至会引发争执。

3. “如果社区太小，那么它的配套设施就会不完善，也没什么绿地，活动的地方也少。”

点评：这样回答容易让客户觉得你为了卖房子在故意贬低规模小的社区，给客户留下不好的印象。

情景解析

大规模楼盘都会有“人口众多、人员较为复杂”这一方面的不足，售楼人员如果一味地否定，或者总是大力强调价格，说明自己的楼盘是如何便宜，是很难让客户心服口服的。要化解该异议，一是要多强调楼盘的价值及其带给客户的利益；二是多作示范，让客户实地参观，眼见为实。

大规模楼盘有很多中小楼盘无法比拟的优势：小区生活配套齐全，能给业主的生活和工作带来很多便利，如车位多、各类店铺多；小区环境有保证，有足够的绿化和运动场所，这是生活方式的一种转变；有较为完善的物业管理体系，令业主有安全保障，日常设施的维护和安装都很方便；开发商有足够的经济实力及品牌价值，保证了小区的档次等。

俗话说“耳听为虚，眼见为实”，如果小区前期已经有部分客户入住，情况允许的话，不妨带客户到该区域看看，让客户亲眼看到小区完善的配套设施，感受一下不一样的生活方式和氛围。在介绍的时候，售楼人员应把房子和客户的真实生活情节联系起来，然后用形象生动的语言，激发客户对未来生活的美好想象。比如“您想象一下，如果您住在这里，每天傍晚吃晚饭后可以和老公孩子在小区花园散步……”为客户勾画出一幅美好的图景，让客户有一个“家”的感觉，让客户联想到日后的美好生活。这样，可以极大地增强吸引力，将客户带入到未来拥有这套房屋时享受到的美好情景中，让客户更深刻地体会到这套房子给他带来的诸多好处，借以驱动客户的购买欲望，唤起客户的拥有欲。

正确应对示范

客　　户：“社区太大了，住的人太多太杂。”

售楼人员：“虽然规模大了，居住的人会比较多，但是我们考虑到小区的人文水平，特地引进了国外先进的智能管理系统，有优秀的物业管理团队保证业主的财产安全和日常生活。不知道您有没有听说过楼盘规模决定居住品质这句话？跟小楼盘比起来，我们项目生活配套十分齐全，有2 000多个车位，根本不愁找不到车位的问题。您看，我们楼盘的绿化在这个片区里是做得最好的，绿化率达到了45%，可以说是个小型公园了，生活质量是绝对有保证的。”

客　　户：“真像你说得那么好吗？”

售楼人员：“这样吧，王小姐，光我说好您可能会不相信。如果您不赶时间，我带您到我们楼盘一期现场去看看吧，那儿已经有部分业主入住了。”

客　　户：“好。”（把客户引至已经入住的区域）

售楼人员：“您看，这几栋就是我们项目的一期，已经有2/3的业主入住了。如果您住在这里，每天傍晚可以和您爱人、小孩到花园散步，小孩子有专门的儿童玩乐区，

您可以在旁边打打篮球、羽毛球，一家人不知道有多开心。这里就是地下停车场的入口……”（向客户介绍一期已有的各项配套设施）

点评：售楼人员首先要针对客户的疑虑作出合理的解释，同时，还要再次强调小区规模大的有利之处，只有把小区的优势与客户所能得到的切身利益结合在一起，客户才能被说服。联想法的合理运用可以将客户带入对未来美好生活的憧憬中，容易激发客户的购买欲望。

情景57：容积率那么高，住着不舒服

由于房价高居不下，人们买房也越来越谨慎，对房地产的了解也越来越多。以前人们买房根本不会问到类似“容积率”、“得房率”这样专业的问题，如今此类专业术语经常出现在购房者口中。对于住户来说，容积率直接涉及到居住的舒适度；对于开发商来说，容积率决定地价成本在房屋价格中所占的比例。当客户提出容积率太高时，售楼人员要怎么化解呢？

错误应对

1. “还好了，也不是很高。”

点评：这样的回答其实承认了楼盘容积率高这一缺点，肯定了客户的看法，更加强了客户的排斥心理。

2. “和××楼盘相比，我们楼盘的容积率不算高了。”

点评：对比是一种很好的方法，它可以将现实的效果呈现在客户的脑海中，但是对比楼盘的选择很重要，如果那个楼盘环境差、口碑也不好，那么客户对楼盘的印象会更差。

3.“现在的楼盘都差不多，不信您可以去问问。”

点评：这种回答等于把问题直接丢还给了客户，让客户自己去求证，是售楼人员不负责任的表现。

情景解析

容积率和绿化率这两个指标决定了项目居住的舒适度，理想中的住宅是绿化率较高、容积率较低。如果楼盘容积率确实较高，那么售楼人员要懂得利用“负正法”或者“弯道法”来弱化这一缺点，强调楼盘的其他优点和利益，以转移客户的注意力。

客户关注楼盘的容积率，说明客户较为注重居住舒适度的问题。售楼人员可以从这一角度出发，用其他有利居住的优点来满足客户需求。如果小区在园林景观的设计上有特点，则着重强调园林景观带来的美好的视觉效果；如果楼盘户型设计很好，则着重强调人性化设计对生活状态和方式的改变，表示这是一种生活享受。

另外，售楼人员可以拿其他楼盘的容积率作为范本让客户消除疑虑，建议客户有时间自己去实地考察，就会发现这种容积率并不会对生活的舒适度造成影响。当售楼人员非常有自信地表示不怕客户验证的时候，自然会增加你的可信度（当然，选择的楼盘容积率可以略低于本楼盘，但不能相差太远，更重要的是小区内的环境和绿化要很好）。

正确应对示范1

客　　户：“容积率那么高，住着不舒服。”

售楼人员：“王先生，听您说得这么专业，看来您也是个行家。那您应该知道一个小区居住的舒适度并不仅仅和容积率有关，还涉及绿化率。您也了解过，我们楼盘的绿化率达到40%，这在我们同一档次的楼盘中是很少见的。而且小区有大片南洋风情的园林景观，不仅显得气派，而且提升了小区整体的空气质量，非常符合像您这种注重生活品质的人的居住要求。”

点评：生硬地否认客户的质疑并不是好办法，可以通过强调楼盘其他方面的优势来弱化客户的顾虑。适当的赞美也会让客户心里更舒服。

正确应对示范2

客　　户：“容积率那么高，住着不舒服。”

售楼人员：“按照国家标准，我们这种小高层的容积率应该在2以内，但是不同的城市会有所差别，根据我们市的人居标准来说，2.2的容积率算是非常合理的了。您知道××楼盘吗？就是去年非常畅销，口碑也很不错的楼盘，就在××大道边上。”

客　　户：“嗯，知道。”

售楼人员：“我们楼盘的定位和他们差不多，其实他们的容积率比我们的还高。但是，这并没有影响人们的居住和生活质量。您有时间可以去看看，眼见为实嘛。”

点评：与口碑好的楼盘作对比，不仅可以提升自己楼盘的档次，还可以将楼盘的实际居住感受更直观地呈现在客户面前，对客户有很强的说服力。

情景58：我不喜欢朝北/西的房子

错误应对

1. “如果朝南，那价格可就不是这样的了，每平方米要贵好几百元呢。”

点评：道理是硬道理，但是这样说出来就会让客户觉得自己被看不起了。客户心里一不舒服，就对你的楼盘更有抵触情绪。

2. “我们这是南方，朝北的房子没什么区别的。”

点评：没有搞清客户不喜欢此朝向的真正原因就试图轻描淡写地带过，对消除客户的疑惑毫无作用。

3. “没关系，要不我们去看看另外一套朝南的房子吧。”

点评：当客户一提出不喜欢，马上就选择放弃，这不是一个成功售楼人员的做法。对于客户的异议，首先要给予正面回答；如果客户到最后还是不能接受，再为客户提供另外的选择。

情景解析

买房不单要看户型，还要看朝向。朝向也是衡量房屋优劣的重要指标，它不但影响采光、集热，而且影响通风。同样的户型，好的朝向会大大提高房屋的居住品质，改善住宅室内环境，对居住者的身心健康十分有利。大多数购房者在选购住宅时，都会选择坐北朝南的房屋。传统观念上，南北朝向为正，东西朝向为偏。朝南的房间为正房，是位尊的表示，从这个意义上说，如果可以选择的话，绝大多数客户都会选择朝南的户型。

当客户提出朝向（朝北）异议时，售楼人员首先应对客户表示理解，然后再向客户灌输正确的购房理念。所有人在选房时，都希望能选到一套物美价廉甚至让自己百分百满意的房子。但问题是，这能做到吗？朝向好的房子，价格自然要比同等条件下的朝向差的房子贵，而且有时价格不是相差一点点。如果购房预算不足，是无法满足各方面条件的。此外，一套房子的好与不好，除了要考虑自身的经济承受能力，其他如楼层、采光、户型结构等方面都是需要综合考虑的。

在向客户灌输正确的购房理念后，如果客户对朝向的异议不再那么强烈，售楼人员还应结合客户的实际情况，告诉客户这套房子为什么适合他、购买这套房子对他有什么好处。如此这般，才能让客户欣然接受你的推荐。

正确应对示范1

客　　户：“朝北的，不好。”

售楼人员：“王先生，这我能理解，由于观念的原因，大部分客户都不喜欢朝北的房子，而喜欢朝南的房子。其实，一套房子的好与不好，不能只看朝向，还要综合考虑景观、楼层、光线、户型结构等方面。您觉得呢?”

客　　户：“这是没错，可是我就觉得朝北的房子晒不到太阳，整天阴森森的。”

售楼人员：“是的，如果整天晒不到太阳，那的确不舒服。不过，王先生，这套房子可不存在这个问题。”

客　　户：“哦，它还能晒到太阳?”

售楼人员：“是的，王先生。现在我们是晚上，所以您会有这个疑虑。如果是白天，它还是能享受到光照的。昨天早上，我也带了一个客户来看房，当时阳光就晒到这里面来了，就是您现在所站的这个地方。”

客　　户：“您不会骗我吧?”

售楼人员：“王先生，您放心，这种事情骗不了人的。如果您对这套房子的其他条件都还满意的话，明天早上我再带您来看看，您不就清楚了吗? 不是所有朝北的房子都晒不到太阳的，您看，这套房子在23层，周边都是多层和小高层，没有遮挡；而且，我们开发商当时在设计时，就充分考虑到了这个问题，所以它的建筑朝向也不是正南正北，而是略有偏差，当早上太阳到那个位置的时候，就可以晒到这边来了。”

客　　户：“哦，那好，明天我再来看看。”

点评：售楼人员首先要弄明白客户不喜欢朝北房子的真正原因，只有这样才不会使你的推介方向发生偏离。如果是光照的问题，而恰好这套房子在开发设计之初就已在这方面有所规避时，就正好可以说服客户朝北并不一定都光照不好。当光照不再是

问题、价格又适当时，客户作出购买的决定就是水到渠成的事情了。

正确应对示范2

客　　户：“这是朝西的，会西晒，不好。”

售楼人员：“是的，朝西的房子确实存在西晒这个不足之处。王先生，那您觉得这套西晒的与刚才我们看的那套五楼的比，哪套房子综合条件会更好些？”

客　　户：“这怎么说呢，各有不足吧。那套房子虽然朝东，但是户型结构不好，浪费面积。”

售楼人员：“这就是了，这世上没有完美的房子，任何一套房子都有它的不足，关键是看您更在意哪一方面了。其实，一套房子的好与不好，不能只看朝向，还要综合考虑景观、楼层、光线、户型结构等方面。您觉得呢？”

客　　户：“这是没错，可是我就觉得朝西的房子夏天会很热。”

售楼人员：“在夏天，即使是朝东或朝南的房子，大家都是开空调的，不开空调根本没法入睡。所以，单纯西晒这问题，对平时生活影响不是很大。”

客　　户：“话是这么说没错，可是这个价格，买朝东的房子也够了吧！”

售楼人员：“王先生，您过来这边看看，是不是可以看到××山、××湖？”

客　　户：“嗯，景观是不错。”

售楼人员：“王先生，这就是了，任何事情都不可能十全十美，有所得必有所失。虽然这套房子朝西，可是它的景观要比朝东的更好，这就看您更注重哪一方面了。现在人尤其是您这样的年轻人工作繁忙，白天较少有时间在家休息，再加上空调等各种家电的普及，对于日照等自然条件的要求已经有所减弱，而对优美景色的需求却在增强。窗外景观环境的好坏，已成为评价居住区质量的一个重要标准，谁也不希望开门开窗就看到乱糟糟的景象。”

客　　户：“那倒也是。我现在住的那套房子虽说朝南，但景观比朝北的都要差。”

点评：售楼人员一定要善于把客户的注意力向好的方面转移。引导客户权衡利弊，就能帮助客户清楚地知道自己到底最在意什么了。

情景59：这套房子怎么才单卫，现在不都是双卫吗

错误应对

1.“这种户型就是只有一个卫生间。”

点评：这样只是将客户的异议重复了一遍，客户会认为你在敷衍他。

2.“您一家三口，一个卫生间就够用了，双卫纯粹是浪费。”

点评：这样的解释有些牵强，完全没有将单卫的优势呈现出来。客户会认为你是为了把房子卖出去而随意编造理由，缺乏足够的说服力。

3.“少个卫生间能省下不少钱呢。”

点评：从省钱的角度出发说服客户是个很好的做法，但应该将省下来的具体数目一并告知客户，这样才能对客户形成更为强烈的感官刺激。

情景解析

小户型房子空间安排相对紧凑，无论一居、两居还是三居，一般都只有一个卫生间。对于这个问题，有的人认为无所谓，有的人则把其看做房子的一个缺陷。虽然这个缺陷对于大部分人而言都不是问题，但是也不能忽视这个异议，同样要用话术来化解。

针对单卫这一缺陷，可以从三个方面来弥补不足：一是省钱，在客户面前计算出

一个卫生间需要支付的钱，向客户表示与其多花几万元在一个并不需要的卫生间上，还不如把这部分钱用在装修上；二是省事，多个卫生间要多装修，而且经常需要打扫，增添麻烦；三是没必要，一家三口没必要使用两个卫生间，也不会经常有客人串门，客卫一般派不上用场。

当客户提出异议的时候，不要急于否定和辩解，而是像处理其他异议一样，先认同客户，让客户降低对你的心理防备，然后提出对这个缺陷有利的方面，来弥补其不足之处。建议客户权衡其中的利弊，引导客户朝着有利的方向思考，多关注有利的方面。

正确应对示范

客　　户：“这房子怎么才一个卫生间，现在不都是双卫吗?”

售楼人员：“是的，现在很多房子都有双卫。不过说起来，三口之家一个卫生间就够了，对于大户型，双卫确实是很有必要；但对于小户型，双卫其实就是开发商的一种噱头。您算算，一个卫生间 5 平方米，就算 15 000 元/平方米，也要七八万元，花七八万元买个卫生间，您觉得值吗？还不如把这部分钱用在装修上。”

客　　户：“有时候朋友来什么的，一个卫生间就不方便。”

售楼人员：“您经常有朋友来串门吗?”

客　　户：“偶尔。”

售楼人员：“对啊，亲戚朋友都只是偶尔来串串门，客卫一般都派不上用场。就像我们买手机一样，智能机五六千元，功能很多，但是很多功能其实我们根本就用不上。”

客　　户：“也是。”

售楼人员：“还有，卫生间需要经常打扫，多一个卫生间，您太太打扫起来又累又麻烦。还浪费水电、增加开支。所以说，一个卫生间对您的家庭来说够了，没必要多花七八万元的钱在这上面。”

点评：数字是一个奇妙的东西，它可以从视觉或者听觉上给人以强烈的感官刺激。售楼人员要善于运用数字来叙述，有了具体数字的支持，你的分析就更有分量，观点也更容易被客户接受。

情景60：客户拿其他优秀楼盘来比较，挑出许多不足

“隔壁的××楼盘规模比你们大，品质也好，价格也没有比你们高多少”、“我刚看了××楼盘，总体感觉不错，地段也比你们的好”、“××楼盘的外立面很漂亮，整体看起来很有档次，你们这跟人家比差远了”等之类的话，售楼人员在与客户的洽谈过程中肯定经常听到。交谈时，客户总会拿其他优秀楼盘来比较，挑出楼盘的许多不足。对于这种情形，售楼人员要如何应对呢?

错误应对

1. 把自己的楼盘夸得天花乱坠。

点评：太完美的东西总给人不可信的感觉，一味地吹嘘反倒容易让客户失去对你的信任。

2. 贬低其他的楼盘。

点评：以贬低他人来抬高自己的做法从来都是不明智的。客户并不会因此而认为你的楼盘有多好，反而会怀疑你的职业道德。

3. “既然他们那么好，您为什么不去买?”

点评：客户是上帝，无论如何都不能责怪客户，就算心里不认同客户的看法，也

不能这么说，更不能用刺激性的语言赶跑客户。

情景解析

在买房的过程中，客户往往会在几个楼盘中对比选择。在与售楼人员洽谈时，总会把其他楼盘的优势拿来同本楼盘的劣势作比较，挑出很多缺陷，甚至就算他对楼盘非常满意，也会很自然地挑出许多不足。实际上，客户并非十分在乎这个对比，关键是要售楼人员证明你的楼盘值得他购买，以让客户为自己的购买决策寻找依据，甚至有时候客户只是希望通过对比提高自己的谈判砝码。当然，也不排除客户是真的对楼盘不太熟悉，又怕直接表示会被认为是外行而吃亏，因而提出许多缺点，让售楼人员作进一步的详细讲解。

在化解客户的此类异议时，售楼人员不应该激怒客户，说一些客户不爱听的话，或者把本楼盘夸得太过于完美，这容易引起客户的反感，反而阻碍销售进程。售楼人员首先要清楚自己楼盘的优点和特色在哪里，提炼出符合客户需求的一两个优点进行着重介绍，强调楼盘的高性价比。对于缺点，可以巧妙地避过。当客户拿其他楼盘来做比较时，售楼人员要客观地分析竞争楼盘的优缺点，比如品质好但是价格高、环境好但是太偏远等。有一点要记住，讲述时态度要端正，不能让客户认为是你在故意诋毁对方。

当客户拿竞争楼盘进行比较时，有些售楼人员会贬低甚至恶意攻击竞争对手，这种做法是极为不理智的。贬低对手会让客户感觉到你的信心不足、心虚或缺乏职业操守。而且，如果客户对竞争楼盘的感觉不错，你的这种恶意攻击行为就会激起客户的不满甚至反感。

与其贬低对手，不如拿自己的几大优势和对手的几大劣势作客观的比较，让客户自己去说服自己。任何一个楼盘都有自身的优点和缺点，把自己的优势和对方的弱势拿出来让客户比较，客户自己就会知道哪个楼盘更适合自己。

正确应对示范1

客　　户：“隔壁的××楼盘规模比你们大，品质也好，价格也没有比你们高多少。”

售楼人员：“您说得没错，××楼盘规模比我们大，品质也不错，但是您可能不大了解，他们楼盘每平方米比我们贵了5 000元。我们楼盘虽然比较小，但是我们小区的各项配套设施齐全，园林景观也非常漂亮，是一个很有格调的小区。再加上户型的人性化设计，两梯六户的建筑结构都能达到南北对流，这在同等楼盘中可是很少见的。”

点评：**“嫌货才是买货人”，客户对你的楼盘横竖挑剔，说明他在大的方面还是满意的。这时，售楼人员要做的就是让客户觉得只有这个楼盘才能在最大程度上满足其要求，“屋”有所值甚至是“屋”超所值。**

正确应对示范2

客　　户：“我刚看了××楼盘，总体感觉不错，地段也比你们好。”

售楼人员：“王先生，您说的那个楼盘我知道，我们之前也有做过一番调查。您说得没错，××楼盘的地段是不错，但是价格也高啊，每平方米接近16 000元，最便宜的也要14 000元。而且他们楼盘的绿化做得没有我们好，因为地段好本身地价就高，自然地拿来做绿化的土地也就减少，如果他们达到我们楼盘45%的绿化率的话，就不是现在这个价格了。”

点评：**售楼人员一定要对相关楼盘的情况有个基本的了解，只有这样，在客户拿他人之长攻你之短时，你才能信手拈来、从容应对。**

情景61：客户所提出来的意见或看法是错误的

客户在购房时为了获取更多的优惠或使自己在谈判时占据有利的地位，通常也会运用一定的技巧。因此，在售楼的时候，我们经常可以看到有些客户会有意无意地提出一些楼盘本身不存在的缺陷。面对客户的这些“不实之言”，售楼人员该如何应对呢？

错误应对

1. 直接反驳客户。

点评：除非是对楼盘销售或客户购买决策有重大影响的“不实之言”，否则不要随便直接反驳客户，那样会让客户感觉没面子，甚至会激怒客户。

2. 对客户的错误意见或看法不予理睬。

点评：即使客户所提出的意见或看法是不对的，售楼人员也不能不予理睬，否则就等于是默认了客户的错误意见或看法。

情景解析

当客户提出的意见或看法错误的时候，售楼人员应该根据不同的情况，运用不同的方法进行处理。

1. 间接否认法

所谓“间接否认法”，是指在客户提出异议后，售楼人员先给予肯定，然后再说出自己的观点或意见，以避免和客户发生正面冲突。

人有一个通性，就是不管有理没理，当自己的意见被别人直接反驳时，内心总是不痛快的，甚至会被激怒，尤其是遭到一位素昧平生的售楼人员正面反驳的时候。所以，屡次正面反驳客户，会使客户恼羞成怒的，就算你说得都对，也没有恶意，还是会引起客户的反感。此时，运用间接否认法可以缓和客户的对立情绪。

间接否认法通常采用“是的……如果……”这样的句式。其实，“是的……如果……”是源自“是的……但是……”这一句法，只是“但是”在转折时显得过于强烈，很容易让客户感觉到你说的“是的”并没有包含多大诚意，因为你强调的是“但是”后面的话。因此，在表达不同意见时，应尽量运用“是的……如果……”这一句式。用“是的”表示肯定客户的意见，用“如果”表达是否另一种状况比较好（即说出你自己的观点）。

请比较下面的两种说法，感觉是否有区别。

A：“您根本没了解我的意见，因为状况是这样的……”

B：“平心而论，在一般的状况下，您说得都非常正确，如果状况变成这样，您看我们是不是应该……”

A：“您的想法不正确，因为……”

B：“您有这样的想法，一点也没错，当我第一次听到时，我的想法和您完全一样，可是如果我们作进一步的了解后……”

养成用 B 的方式表达不同意见的习惯，你将受益无穷。

2. 直接反驳法

所谓“直接反驳法”，是指当客户提出异议时，售楼人员就直截了当地予以否定和纠正。如果运用得当，直接反驳可以给客户一个简单明了、不容置疑的解答，增强客户的购买信心。

按照常理，在售楼活动中直接反驳客户的异议是不明智的，因为直接反驳客户容易引起争辩，可能会给客户增加心理压力，甚至会激怒客户而导致销售失败。如果因为直接反驳而使客户感到自尊心受伤害，那么，即使房子再好，客户也会拒绝购买。

另外，如果措辞使用不当，会破坏销售气氛以及双方的情绪，从而使你的销售活动在客户原有异议之外又增加了新的障碍。

因此，直接反驳法仅用于客户提出的反对意见明显不正确的情况下。在有些情况下，你确实必须直接反驳以纠正客户不正确的观点。比如客户对企业的服务、诚信有所怀疑或客户引用的资料不正确等。出现上面两种状况时，你必须直接给予反驳，而不能坐视不理。因为如果客户对你以及企业的服务、诚信有所怀疑，你拿到订单的机会几乎可以说是零。这个道理很简单，如果保险企业的理赔诚信被怀疑，你会去向这家企业投保吗？如果客户引用的资料不正确，而你能以正确的资料佐证你的说法，那么客户一般会接受你的反驳，并且可能会对你更信任。

无论如何，直接反驳客户异议毕竟是与客户的正面交锋。为了避免激化矛盾，产生不良影响，售楼人员必须注意以下几点。

（1）不可滥用。直接反驳法只适用处理因为客户误解、怀有成见、信息不足而引起的有效异议，不适用于处理无关与无效异议，也不适用于处理因情绪或性格问题引起的异议。对固执己见、气量狭小的客户也最好不要使用这种方法，否则容易引起这类客户的反感及抵触心理，认为你是不尊重他，从而产生争执。

（2）态度友好。为了避免触怒客户或引起客户的不快，售楼人员在反驳客户时，应始终保持友好诚恳的态度，面带微笑，注意语言技巧和选词用语，切勿动怒责备客户。即使客户是因为无知或者有意提出异议，你也只能对事不对人，反驳客户的看法而不是客户本人，以免冒犯客户甚至是伤害客户自尊。

（3）有理有据。用以反驳客户异议的根据必须是合理、科学的，而且是有据可查、有证可见的。在反驳客户异议的过程中，售楼人员应首先明确指出客户的异议内容，明确异议的性质与根源，然后由浅到深地摆出事实、证据和理由，依靠事实与逻辑的力量说服客户。

正确应对示范1

客　　户：“这个位置太偏了。”

售楼人员：“是的，这位置是比较偏。如果不是因为位置偏，不会只卖这个价格的。您看看，昨天开盘的××花园，位置是很好吧，不过价格也比这里高了将近3 000元/平方米。”

点评：**对客户看法表示认同，可以拉近售楼人员与客户之间的心理距离，而比较法的运用则可以帮助客户找到心理上的平衡，有助于双方开展更有效的交流和沟通。**

正确应对示范2

客　　户：“这个开发商的实力好像不怎么样，会不会成为烂尾楼啊?”

售楼人员：“不知道陈小姐为什么会这么认为？我们公司是上市公司，在上海、南京、杭州等十几个城市都开发过项目，比如上海的××花园、南京的××花园，您可以到网上去查询。”

点评：**对客户观点的直接否定一定要注意语气，同时还必须提供足以让客户信服的证据。**

正确应对示范3

售楼人员：“王小姐，您觉得这套怎么样?”

客　　户：“还行，就是感觉层高不够，有点压抑。”

售楼人员：“嗯，王小姐，您还是很追求生活品质的。的确，如果层高不够，住起来会比较压抑。其实，我们的层高并没有比别的房子低，都是2.8米，只是因为我们这是精装修房，已经打完吊顶、铺好地板了，所以您会感觉层高好像不够。”

客　　户："哦，也是，之前我看的几个楼盘都是毛坯房，没有装修过，所以感觉你们的层高比较低。"

点评：当一个人被赞美时，心情就会大好，你对他观点的间接否定也就更容易被他接受。

情景62：客户总是横挑鼻子竖挑眼，态度非常不好

有些客户在与售楼人员洽谈时，尤其是在提出异议的过程中总是横挑鼻子竖挑眼，甚至态度恶劣。面对这样的客户，售楼人员要如何对待呢？

错误应对

1. 与客户针锋相对，绝不退让。

点评：这样势必会引起争吵，从而使客户对售楼人员产生不满。何况，售楼人员与客户发生争吵，得到好处的永远不可能是售楼人员。

2. 放弃，不再接待这个客户。

点评：轻易放弃一个客户，等于轻易放弃一个销售机会。这样做又怎么能提升自己的销售业绩呢？

情景解析

在与客户的交往过程中，经常会出现磕磕碰碰的情况。有时确实是客户横挑鼻子竖挑眼，但是如果这时候售楼人员也是脾气暴躁、心胸狭窄，势必会影响到销售活动的顺利进行。聪明的售楼人员往往善于给客户一个"台阶"，让对方恢复心理平衡，这样既能赢得客户，也平息了双方的矛盾。

在处理异议时，售楼人员应时刻提醒自己尽量避免争论，不管客户如何激烈地反驳你，不管他的话语如何与你针锋相对，你也不要争论。宁可在争论时输给客户，也要把单签下来，这才是真理。

⊙ 售楼沟通九忌

一忌争辩

售楼人员与客户沟通，是为了推介楼盘，而不是参加辩论会，要知道与客户争辩解决不了任何问题，只会招致客户的反感。

售楼人员首先要理解客户对房屋有不同的认识和见解，容许人家讲话、发表不同的意见；如果你刻意地去和客户发生激烈的争论，即使你占了上风、赢得了胜利，把客户驳得哑口无言、体无完肤、面红耳赤、无地自容，你快活了、高兴了，但您得到的是什么呢？是失去了客户、丢掉了生意。

二忌质问

售楼人员与客户沟通时，要理解并尊重客户的思想与观点，要知道“人各有志，不能强求”，切不可采取质问的方式与客户谈话。如有些售楼人员喜欢用诸如“你为什么不”、“你凭什么不”之类的话语，用质问或者审讯的口气与客户谈话，这是不懂礼貌和不尊重人的表现，是非常伤害客户的感情和自尊心的谈话方式。

三忌命令

售楼人员在与客户交谈时，态度要和蔼一点，说话要轻声一点，语气要柔和一点，要采取征询、协商或者请教的口气与客户交流，切不可采取命令和批示的口吻。售楼人员要清楚自己在客户心里的地位，你需要永远记住一条，那就是——你不是客户的领导和上级，你无权对客户指手画脚、下命令或下指示，你只是一个售楼人员，客户的一个置业顾问。

四忌炫耀

与客户沟通过程中谈到自己时，售楼人员要实事求是地介绍自己，万万不可自我炫耀自己的出身、学识、财富、地位以及业绩和收入等，这样就会人为地造成双方的隔阂和距离。如果你一而再、再而三地炫耀自己的收入，对方就会感到“你向我推销楼盘是来挣我钱的，而不是来帮我选房子的。”

五忌直白

售楼人员要掌握与人沟通的艺术，客户成千上万、千差万别，他们的知识和见解都不尽相同。我们在与其沟通时，如果发现他在认知上有不妥的地方，也不要直截了当地指出，说他这也不是那也不对。一般的人最忌讳在众人面前丢脸、难堪。俗语道“打人不打脸，揭人不揭短”，要忌讳直白。我们一定要看交谈的对象，把握谈话的技巧、沟通的艺术，要委婉忠告。

六忌批评

售楼人员在与客户沟通时，如果发现他身上存在某些缺点，也不要当面批评和教育他，更不要大声地指责他。要知道批评与指责解决不了任何问题，只会招致对方的怨恨与反感。与人交谈要多用感谢词、赞美语；要多赞美、少批评；要掌握赞美的尺度和批评的分寸；要巧妙批评、旁敲侧击。

七忌独白

与客户谈话，就是与客户沟通思想的过程，这种沟通是双向的。不但我们自己要说，同时也要鼓励对方讲话，通过他的说话，我们可以了解客户的基本情况、购房预算、购房目的。双向沟通是了解对方的有效工具，售楼人员切忌一个人唱独角戏，把接待过程变成个人独白。

八忌冷谈

与客户谈话，态度一定要热情，语言一定要真诚，言谈举止都要流露出真情实感，要热情奔放、情真意切、话贵情真。

九忌生硬

售楼人员在与客户说话时，要抑扬顿挫、节奏鲜明，语速有快有慢，语调有高有低，语气有重有轻，要有声有色、有张有弛、声情并茂，切忌生硬冰冷、毫无感情。

正确应对示范

客　　户：“没搞错吧，连个会所都没有还敢称高档住宅？你们这些售楼人员真是喜欢吹牛。”（此时，如果售楼人员也针锋相对，势必会引起争吵）

售楼人员：“陈先生，您说得没错，高档住宅一般都是配有会所的。我觉得我们楼盘最大的卖点就在于闹中取静，出则繁华、入则幽静，不但生活便利，而且居住安静。陈先生，您觉得呢？”

点评：面对客户的质疑，售楼人员首先应该表示对客户的认可，因为这个时候不管客户有没有理，去争论什么才算高档住宅根本没有任何意义。与此同时，再次将楼盘的最大卖点传达给客户，这就成功地转移了客户的注意力。

第四章 别让价格成为成交的绊脚石

情景63：客户还没听售楼人员介绍楼盘，上来就问价格

有些客户一进售楼处，还没听完售楼人员的楼盘推介，也没挑选到适合自己的户型，首先就开始询问价格："请问你们这儿一平方米卖多少钱?"面对这样直接询问价格的客户，售楼人员该如何回答呢?

错误应对

1. "18 000元/平方米左右。"

点评：如果该价格超过客户购买预算或心理预期，客户可能会就此打退堂鼓。

2. "请问您说的是哪一套?"

点评：客户对楼盘还不够了解，他只是想问个大概价格。

情景解析

客户对楼盘还不了解，更没有产生购买欲望，这时候就询问价格，从好的方面来看，这可能意味着他们真的对楼盘有需求、有兴趣；从不利的方面来看，冒昧地告诉他们楼盘价格，如果说出来的价格超出客户的心理预期或购买预算，客户可能就会因此而打"退堂鼓"，或者可能导致客户先入为主，觉得房子根本不值这个价。

实践证明，当客户尚未对楼盘产生购买兴趣前，无论此时售楼人员提出怎样的价格，客户通常都会提出异议，这是客户的普遍反应。当然了，我们也不能对客户的询问置之不理，面对这种情况，最有效的处理方法是运用"迟缓法"，其实也就是"缓兵之计"，先将客户的注意力集中到楼盘本身，待客户产生购买兴趣后再谈价格。

正确应对示范1

客　　户：“请问你们这儿的房子多少钱一平方米?”

售楼人员：“先生，先别急，让我先给您详细介绍一下我们楼盘的情况。买房关键是要买到自己满意的、符合自己需求的。请到这边来，我们先看看这个楼盘的规划……”

点评：*价格谈判是销售过程中的一个必经环节，但绝不是第一个环节。*

正确应对示范2

客　　户：“请问你们现在卖多少钱一平方米?”

售楼人员：“多数客户都是一进售楼处都开始关注价格，我可以理解这点，但您真正的需要是否能够得到满足才是最关键的。不同的户型、不同的楼层和不同的朝向都有不同的价格，您最想了解的是哪一个单元的价格?”

点评：*售楼人员要对客户急于询问价格的心情表示理解，继而引导客户说出自己对房子的具体需求。*

情景64：一听报价，客户就嫌太贵

在听完售楼人员的介绍之后，客户对楼盘总体还挺满意，但是一听到价格，就会立马提出“太贵了”、“价格太高了”、“怎么这么贵”之类的异议。出现这种情况的可能性大致有两种：一是客户对当前的房地产市场缺乏了解，不知道行情价；二是客户并不是真的认为太贵，而是要争取更大的议价空间。面对这种情况，售楼人员应该如何应对呢?

错误应对

1. “这已经不算贵了，原来还更贵呢!”

点评：这种简单的纵向比对太过贫乏，原来多贵、降了多少、为什么会降等信息点都无法包含进这短短一句话里，不仅无法令客户信服，反而容易使其误认为楼盘可能是因为存在什么问题才便宜卖，从而会更加谨慎。

2. “一分钱一分货，好房子肯定不便宜。”

点评：说的确实是大实话，但房子不同于一般的小商品，品质有多好、具体好在哪里，客户是没有办法一下子感知到的，售楼人员的这种大而化之的应答缺乏有力的支持，无法令客户打消议价的念头。

3. “那您认为多少钱才不算贵呢?”

点评：售楼人员在与客户沟通时，最好少用甚至不用反问句。因为反问句的答案是开放性的，这就等于把主动权拱手让给了客户，从而容易使自己在议价时陷入被动的境地。

4. “一点儿都不贵，要不您到其他楼盘去比较比较?”

点评：这种应对方式不是不能用，而是一定要讲究时机，只有当你确信客户对这套房源十分中意时才可以用这种方法来激将，否则，只会把客户赶走。

5. “这还贵啊? 如果 15 600 元/平方米还贵，那在市区肯定买不到房子了，只能去郊区买了。”

点评：这样的回答容易让客户认为自己受到了售楼人员的轻视，从而产生不满。

情景解析

消费者永远都希望能买到物美价廉的商品，抱怨价格太高是消费者的一种习惯。尤其是购买房子这种大额商品，即使你的楼盘很好，价格也合情合理，但是出于一种消费习惯，客户还是会提出价格异议。

面对客户的这种回答，和他们争论价格高低对销售并没有帮助，更不能因为客户说太贵了就急于反驳或者无言以对，而是要向客户证明房子定这个价格的原因，让客户切实感受到“屋”有所值。

处理此类价格异议时，最好的办法就是采用“利益分析法”，也就是向客户说明你的房子能带给他的利益，让客户明白买你的房子才最合算、最有价值，直到价格对客户来说变成一个相对次要的问题，那么就算成功地处理该异议了。因此，当客户提出价格异议时，可以根据客户的需求，有选择地告诉他们在买房后会得到哪些利益，如小区生活配套和市政配套完善，生活十分便利；户型结构好，可以省下很多装修的钱，最大化利用了每一寸空间；交通便利，方便孩子上学和自己上下班等。为了增加说服力，在表达这些利益的时候，可适当地使用一些形容词来修饰，使得描述更加形象生动，更容易激发客户的购买欲望。

正确应对示范1

客　　户：“15 600元？太贵了！”

售楼人员：“陈小姐，其实这个价格不算贵了。就说小区环境吧，我们在同等楼盘中是做得最用心也最有特色的。绿化率达到45%，还特地聘请知名园林设计师来为我们设计园林景观，突出东南亚景观这一异域风情，尤其是小区入口处的石狮喷泉，看起来大气又显档次。更值得一提的是，我们聘请的是国际知名的物业管理机构，能够提供“管家式”的优质服务，住在这里，不仅能享受齐全的配套设施，还能享受星级的物业服务。一个楼盘如果没有一个好的物业公司在管理，就算住着也觉着不舒服，出趟远门也提心吊胆的，您说是吧？”

点评：*房子是一种特殊的商品，小区配套、周边环境、地理位置等都与房子本身*

有着不可分割的联系。售楼人员要想让客户看到房子的价值，就要从这些方面中选取人无我有、人有我优的优势来进行推介，最终让客户看到房子价格高的原因，进一步激发出客户的购买欲望。

正确应对示范2

客　　户：“15 600 元？太贵了！”

售楼人员：“陈小姐，虽然这套房子的价格是比其他的贵了一点，但是这套房子不论是户型设计还是楼层朝向，都是最适合居住也最符合您要求的。您看，100 平方米三室两厅的户型，全明设计，分区合理，可以说最大化地利用了每一寸空间。而且南北通透，采光和通风性都很强，有利于身心健康。您是个注重养生的人，肯定比我还了解房间内空气的流通对人体健康的重要性。况且，这套房位于五楼，是最好的楼层，视野好，空气也最干净。所以说，这套房子值得您花这个价买下。”

点评：就像平时的聊天，只有对话题感兴趣了，人们才能聊得起来。售楼人员推介房子时一定要切中客户的关注点，只有这样才能找到突破口。推介过程中，适当的、不漏声色的赞美也会起到意想不到的好效果。

情景 65：刚刚我们看了 × × 楼盘，人家一平方米才 18 000 元

客户买房是不可能只看一个楼盘或一套房子的，他们会到各个楼盘的售楼处了解情况，而后货比三家，这是消费者在购买大型消费品时常用的策略。为了让你主动降价，他们往往会拿其他价格较低的楼盘同你的楼盘相比，提出价格异议，这是非常普遍的现象。售楼人员该怎样应对才能让客户觉得他多付出这点代价是值得的？

错误应对

1.“那不一样，他们楼盘的档次比我们差多了，质量也不怎么样。”

点评：永远不要试图用贬低别人的方式来提升自己，这只会招致客户对你职业道德的怀疑。

2.“是吗？楼盘不一样，价格当然也有所不同了。”

点评：这样回答不仅承认自己的价格确实比其他楼盘高，而且没有对价格高的原因做出任何解释，无法消除客户的疑虑。

3.“您非要这么比，我也没办法。”

点评：这种说法不仅没有做出任何解释，而且容易让客户误认为你是在责怪他，客户可能就此离开。

情景解析

客户将其他价格较低的楼盘拿来比较或者拿其他楼盘的优势同本楼盘的劣势作比较时，如果售楼人员刻意攻击客户所提出来的比较对象，用不屑的口气进行回应，这相当于否定了他的看法，会使其产生抵触情绪，反而对销售不利。面对这样的情况，最好的做法就是用“比较论证法”来化解。

所谓“比较论证法”，就是把本楼盘有的而竞争对手没有的优点告诉客户，让客户清楚地知道多付出点儿钱是值得的。当客户了解到楼盘所能带给他的好处之后，价格的差异感也就变小，关注的焦点也会转移到房子的优点上面来。当然，对楼盘的缺点也不需要极力掩饰，简单带过即可，再巧妙地向客户传递楼盘的价值和利益。在进行比较之前，应该先肯定客户的看法，让客户感觉自己受到尊重和重视，这样他才会愿意接受你所说的话。一般来说，客户都明白一分钱一分货的道理，如果售楼人员能够站在公正、客观的立场上进行比较分析，那么客户是会相信你的专业判断的。

处理客户提出的比较异议，前提是售楼人员要对竞争楼盘有一个较为全面的认识和了解。这就要求售楼人员在开盘之前做好踩盘工作，将附近楼盘或者同期开盘的楼盘的优缺点罗列出来并熟记，包括楼盘价格、地段、户型、配套、物业等。这样当客户拿竞争楼盘来进行对比的时候，售楼人员才能应对自如。

正确应对示范1

客　　户：“刚刚我们看了××楼盘，人家一平方米才18 000元。”

售楼人员：“您说得没错，××楼盘的价格是比我们楼盘的低。之前我们去做过调查，发现那儿虽然价格比我们的低，但是您看，我们的户型是不是做得更好、更紧凑呢？这对您以后的装修是很有利的，不仅提高了空间的利用率，还能节省很多钱。听我们建筑师说，85平方米的房子如果设计得当，是可以有100平方米的居住效果的。另外，我们的安全监控系统也是很完善的，停车场、电梯、入口处都安装了摄像头，大大提高了小区的安全性，您完全可以没有后顾之忧地上班、外出。虽然多付出一些，但是不是更值得呢？”

点评：嫌货才是买货人，客户对房价存有异议时，说明房子的其他方面、至少某个方面是非常令其满意的。售楼人员就应该抓住客户的这一心理，把人无我有、人有我优的优势展现在客户的面前，真正消除客户的疑虑，从而促成交易。

正确应对示范2

客　　户：“刚刚我们看了××楼盘，人家一平方米才18 000元。”

售楼人员：“王先生，您说得没错，相对××楼盘来说，我们的价格是高一些。您刚刚看过××楼盘，那应该知道他们的小区的绿化率只有30%，而我们楼盘的绿化率足足有45%，容积率只有1.5，更适合人们居住，这在寸土寸金的市中心来说简直不可想象。而且，我们小区提供的是五星级的物业管理服务，从安保到清洁一步到位。您想想，这样的房子卖这种价格，您还觉得贵吗？”

点评：售楼人员要想让客户心甘情愿地掏腰包，就一定得让客户看到“屋”有所值甚至“屋”超所值。这个时候，数字就是一个最好的帮手，它不仅客观、直观，而且容易让人信服，更说明售楼人员平时功课做得够充足。客户的疑虑打消了，沟通也会变得更加顺畅。

情景66：打个九五折，我就下定金了

客户对楼盘的品质、环境、物业管理等都比较满意，也谈了很久，公司给出的优惠是九八折，可是客户希望能打个九五折，并表示会立刻下定金。如果是公司政策允许，答应客户也无可厚非。但如果公司政策不允许，售楼人员面对这种情况时该怎么办呢？

错误应对

1. “对不起，这是公司规定，我也爱莫能助。”

点评：售楼人员的工作基本上都是跟人在打交道，所以一定要注意说话的语气。这种回答太过生硬，听起来完全没有人情味，容易引起客户的不满，甚至会让客户感觉到“爱买不买”的意思。

2. “很抱歉，九八折已经是我们的最大优惠了。”

点评：话虽然说得委婉，但却没有给客户留下一点点的期望空间，容易打击客户的购买积极性。

3. “我想如果楼盘不好给您再多的折扣您也不会要，既然您对我们楼盘很满意，又何必计较这点折扣呢?”

点评：这话其实说得很实在，但是客户很容易理解成你认定他会买你的房子，才会一点儿折扣也不让，从而产生逆反情绪，这对成交的“临门一脚”非常不利。

情景解析

假如一套100平方米的房子原价每平方米10 000元，公司给出的折扣是九八折，总价即98万元，如果客户能争取到九五折，那么总价就是95万元，两者对比相差3万元。一点点折扣的差距就是好几万元，任谁都想极力争取。更何况，现在一二线城市的房价每平方米何止1万元?

面对此类要求折扣优惠并表示会立刻下定的客户，在无法满足其折扣要求的情况下，售楼人员要先稳住对方，如果“硬碰硬”直接拒绝，客户便会放弃购买，对你来说就少了一个客户。一个比较好办法就是提供房子的延伸价值，把房子同客户的真实生活联系起来，引发客户的美好联想。一般在砍价时，客户会专注于价格，这时售楼人员需要去调动客户的情绪，激发客户对买房后的美好生活产生联想，转移客户的注意力。比如房子除了可以居住外，还可以为心爱的人提供一个温暖的港湾，带给他们欢笑，使你自己有成就感等。

当客户被说动之后，售楼人员再强调公司严谨的价格机制，表示只要正规的、管理规范的、注重公司形象与声誉的企业，其价格机制都是非常严格的，没有人为因素。这样不仅断绝了客户想要折扣的念头，还向客户传递了公司的正面形象。最后，在公司政策允许的情况下，售楼人员还可以从其他方面给予客户一点“补偿”，比如赠送礼品、免除一年物业费、让客户参与抽奖活动等，让客户尝到一点儿甜头，那么这笔交易就会水到渠成。

正确应对示范1

客　　户：“打个九五折，我就下定金了。”

售楼人员：“王先生，您现在对我们楼盘也非常了解了，也清楚我们楼盘的建筑质量和品质，小区的绿化等各项配套做得也非常到位，是非常适合居住的。如果您住这里，您的小孩可以在附近实验小学上学，您或者您的妻子下班后便可以直接去接孩子放学，一点儿也不耽误时间，您说多方便啊。”

客　　户：“这些我都知道，所以才看中了你们楼盘，你就帮我争取下，给我打个九五折。”

售楼人员：“王先生，不是我不为您争取，您是公司领导，应该清楚我们这些一线销售人员对价格是没有决定权的。而且我们公司非常注重形象和信誉，有严格的价格机制，对所有客户都一视同仁，这也是为了保证客户的利益。如果给您九八折，给别人九五折，是不是对您不公平呢？”

点评：售楼人员面对客户的折扣要求，要避免直接拒绝或者硬碰硬，这样只会让客户产生逆反情绪，对最终的成交无益。

正确应对示范2

客　　户：“打个九五折，我就下定金了。”

售楼人员：“王先生，您也看到了，我们楼盘不仅建筑质量有保证，而且位于市政规划区内，有很大的升值潜力，不管是投资还是自住都有很好的市场前景。不是我不为您争取，老实说，我也非常想做成您这笔生意。但是我们楼盘的价格在同等规模、档次的楼盘中是最合理的了，不像有些楼盘水分大，故意留给客户讨价还价的空间，这不是我们公司的做事风格。”

客　　户：“多少给点儿优惠，我也不是为了争这么一点利益，而是做生意不能太死板，不管多少，给一点优惠就行。”

售楼人员：“王先生，我也知道您是个非常爽快的人，我很喜欢同您这样的客户谈生意。但公司的制度我不能不遵守，我们要对所有的客户公平。这样吧，我们公司前些时候做促销有一些精美礼品赠送给客户，现在已经取消了。但是，公司还剩余一些礼品，等您签约了，我向经理申请送给您。那礼物很不错的，您的太太一定会喜欢的，您看怎么样?”

点评：小礼品的作用不容小觑，它给客户的不是其实际上的价值，而是你的用心。同时，还要给客户领取小礼品设定一定的门槛，让其觉得这确实是售楼人员努力为其谋求到的最好结果。

情景 67：我朋友上个月来看的时候是九五折，怎么现在只给我九七折

当人们有购房打算时，就会密切关注当地的楼市行情，然后找出几个目标楼盘，收集目标楼盘的广告宣传与销售信息。所以，目标楼盘搞促销活动，或推出比较大的优惠折扣时，客户就会牢牢记住。当销售进入价格谈判环节时，客户就会以楼盘曾经给出的最大优惠折扣为参照，要求你现在也给出那样的折扣。这通常是不可能的事情，售楼人员要怎么向客户澄清呢?

错误应对

1. “您说的是其他楼盘吧，我们从来没有这么低的折扣，可能您朋友记错了。”

点评：客户可能确实只是随口一说，但你这样的回答却是对客户赤裸裸的质疑和

否定，会让客户心生不满。

2. “这我不清楚，反正现在公司规定就是九五折。”

点评：这是消极应对的回答，对消除客户的疑虑毫无作用。

3. “不同的阶段就有不同的价格，过去这么久了，价格也是随行就市的。”

点评：价格变动在楼盘销售过程中是非常正常的事，但是售楼人员的这种应对方法不仅难以使客户接受这种解释，也缺乏足够的说服力，容易让客户感到失望。

情景解析

一个楼盘从开盘到尾盘销售，大约要经过一年的时间。当然，楼盘规模不同销售周期也是不同，在不同阶段开发商给出的折扣也会有所不同。当客户就此提出异议时，售楼人员应积极地与客户进行沟通，把改变折扣的原因告诉客户，如是开盘特价还是节日促销又或者是有附加条件的折扣。

当双方就此问题僵持不下时，售楼人员可以举一些身边的实例，比如“有位客户认识我们公司经理，多次找到经理进行商谈，也没能拿到特别优惠”，以此来打消客户得到低折扣的念头。当客户有所动摇的时候，要趁热打铁，告诉客户现在不下定可能会发生的损失，比如折扣提高、折扣取消、户型紧俏等，让其产生紧张感，不给客户过多考虑和权衡的时间，促使客户尽快作出决定。

正确应对示范

客　　户：“我朋友上个月来看的时候是九五折，怎么现在只给我九七折？”

售楼人员：“九五折？不好意思，您可能记错了，九五折是三个月前我们开盘时所给出的特价。如果您的朋友是那个时候买就是九五折，如果不是，就不可能拿到九五折。”

客　　户：“既然你们以前九五折能卖，那这次也给我九五折的优惠吧，反正你们照样能赚钱。”

售楼人员：“王先生，如果能为您拿到更优惠的折扣，我肯定会帮您，就算您不提，我也会主动告诉您的。但是，很遗憾，九五折是开盘时期的特价，现在的折扣是九七折，我们公司在这方面的规定是非常严格的。有个客户是我们经理的朋友，来找了经理很多次，也还是没有拿到特别优惠，一样也是公开折扣。”

客　　户：“……”（客户沉默，动摇了）

售楼人员：“王先生，俗话说‘机不可失，时不再来’，既然您对我们楼盘满意，而且现在又打九七折，我建议您还是抓紧时间买了。我们楼盘销售状况很好，一直在涨价，如果您不早点买，没准过不了多久连九七折的优惠都没有了，那才是真的损失。”

点评：**客户才是上帝，不管他的要求是不是合乎情理，售楼人员最好都不要直接否定。要想让客户在自然而然中放弃其要求，最好的办法就是积极沟通，要让客户明白给出不同折扣的原因，同时辅以实际案例以增强自己所说的话的可信度。当然，与客户沟通的目的还是要让客户尽快出手，适当地营造紧张气氛会为你助力不少。**

情景 68：我还是再等等看吧，元旦说不定会有促销活动

通常情况下，每逢重大节假日如国庆、元旦等，很多房地产商会搞促销活动吸引买家，而有心的购房者也会抓住这个时间看房买房。但也正是因为这些促销优惠活动的影响，客户即使看到满意的房子，可能也不会立刻下定，而是想等到节假日搞促销活动的时候才来买，希望得到一些更为丰厚的优惠。如果售楼人员不抓住客户有购买意愿的时机促成交易，难保客户不会改变主意。当客户说“我再等等看，元旦说不定会有促销活动”的时候，售楼人员要怎么应对呢？

错误应对

1.“其实现在也有优惠啊，我可以给您九七折。”

点评：来得太容易的折扣反倒会让客户觉得还有更大杀价空间，这种主动让价的行为会让售楼人员过早地陷入讨价还价的被动局面之中，更无益于化解客户的异议。

2.“您还是别等了，元旦没有什么优惠活动的。”

点评：这样的对应一定要建立在实事求是的基础之上，也就是说元旦确实不会推出任何优惠活动，否则只会失信于客户。

情景解析

有些客户由于害怕在自己购买之后开发商推出更低的折扣或力度更大的促销活动，所以会选择持币待购，这是正常现象。好比你去商场买衣服，就算很满意也总是想等到打折的时候再来买。

售楼人员首先要理解客户的这种行为，肯定他们认为元旦会有促销活动的想法。不要把重点放在价格的优惠上面，而是放在对方的利益点上，表示现在购买对他是最有利的，同时告诉客户等到元旦的时候再买的话可能会发生的损失，如“每一户都是唯一的，自己看中的户型很可能被其他客户看中买走”、“元旦具体有没有促销活动还是个未知数，如果房子卖得好，便不会有活动”等。这也算是一种“逼定”手段，目的是让客户产生紧张感，抓紧时间下定购买决心。

逼定有很多种技巧，但说到底其实是一种心理和实力的较量。最主要的是售楼人员要懂得把握时机，确定客户具有购买意愿和购买能力之后，做到心急而口不急，一步步吸引客户下定。当然，碰上一些较为执着的客户，一定要等到元旦的时候再来买，售楼人员也不能强人所难，应表示元旦的时候如果有促销活动会第一时间通知其前来。

正确应对示范1

客　　户："我还是再等等看吧，元旦说不定会有促销活动。"

售楼人员："张先生，您也知道我们楼盘配套设施比较完善、规划设计也比较好，受到很多购房者的关注，每天来看房的客户很多，而每套房子的户型、朝向、楼层都有区别，您看中的这套房子条件这么好，其他客户很容易就会看中。如果人家满意了立刻下定，您却等到元旦的时候再来，就只能拍大腿后悔了！"

客　　户："还有一个半月就元旦了，没这么快卖出去的。"

售楼人员："张先生，这完全不是在危言耸听。我之前有位客户的想法和您一样，想等着楼盘有促销活动的时候再来下定，但是不到一个星期，他看中的那套三室两厅的房子就被另一位客户买走了。当初他家人是想买下来的，可他一直坚持要等，最后被家人骂了半天，非常后悔。"

点评：客户期盼着元旦优惠活动，售楼人员就要将当前利益的不可复制性和未来因素的不可预知性分析给客户，当感知到客户的犹豫时，一定不要忘记"临门一脚"，运用一些小案例把客户的决心"逼"出来。

正确应对示范2

客　　户："我还是再等等看吧，元旦说不定会有促销活动。"

售楼人员："王先生，如今很多楼盘确实都会在元旦、国庆这样的节假日举行促销活动，但我们楼盘因为建筑质量好，价格又非常合理，房子卖得非常快。前天开会的时候，老总还告诉我们不要卖太快，可能过段时间要涨价。照这趋势，我们楼盘在元旦搞促销活动的几率不大，即便有活动也不会有太大的优惠幅度的。"

客　　户："别人都搞活动，你们为什么不搞？"

售楼人员：“张先生，您别急，我并不是说不会有活动，只是说即便有活动降价的幅度也不大。而且您要知道，房子这种产品和衣服不一样，您看中的房子卖出去了，就很难再找到一套一模一样的了。因为那么一点点可能存在也可能不存在的优惠，就去冒中意的房子被抢走的风险，您认为值得吗？何况如果您现在下定，我还能特别赠送您一些精美礼品，相信您会喜欢。”

点评：客户对售楼人员的任何解释都会抱有一丝怀疑，适时地抛出一些可以立即兑现的小优惠，不光可以使客户看到你对他的重视，也更容易拴住客户。

情景69：上个月来看每平方米才16 000元，怎么又涨价了

新楼盘开盘后，价格并非一成不变的。上个月每平方米16 000元，这个月很可能就上涨到18 000元。面对如此迅猛的涨价，客户往往很难接受，售楼人员要怎么抚平他们的情绪，并促成交易呢？

错误应对

1. “我也不清楚，公司决定的。”

点评：这样的回答没有传递给客户任何有用的信息，不光难以消除客户的疑虑，还让容易让顾客觉得你为人木讷，从而不愿将自己买房置业的大事委托于你。

2. “不是相差很多，就几百元罢了。”

点评：这种“不差钱”的应对其实是在无视客户的利益，试想，有谁愿意从这样的人手中购买房产呢？

3. “下个月可能还会涨，我劝您现在赶紧买。”

点评：这种缺事实、少依据的回答无法唤起客户的危机意识，只会让客户觉得你是在故弄玄虚、危言耸听。

情景解析

在整个销售过程中，客户对价格的涨跌最为敏感。当客户表示要回家考虑考虑，过一个月再次前来的时候，发现房价上涨了几百元甚至上千元，一时会难以接受。在回答客户的这个问题时，售楼人员首先要非常自信地告诉对方涨价是合理的，然后再解释涨价的理由，比如经济形势好转，人们纷纷把资金转入楼市，拉动了房价的上涨等，并且表示楼盘品质好、保值升值空间大，把楼盘独特的优势有效地展示出来，让客户感觉到你的房子是独一无二、与众不同的，就应该值那么多钱。

向客户解释涨价的理由后，要通过一些手段唤起客户的危机意识，促进对方下定购买决心。比如，可以用举例说明法，举一些以前买房客户的实例，说明错过此次购买的机会，想等着楼价下跌，再想买的时候却发现价格更高了，最后得不偿失；也可以利用客户的从众心理，向客户表示很多购房者已经出手，再不出手就落于人后了；或者用户型紧缺来诱发客户的紧张感，如果楼盘是分期开盘，可告诉客户开盘当天的火爆场面，比如“当天就有 1 000 多人抽签，一会儿就将 400 套房源抢购一空，最后临时加推了 200 多套”之类的说辞。最后悄悄地向客户透露下个月还可能涨价，强调“机不可失，时不再来”。

正确应对示范1

客　　户：“上个月来看每平方米才 16 000 元，怎么又涨价了？”

售楼人员：“张小姐，是这样的，最近经济形势好转，楼市库存减少了，开发商的压力也随之减小。今后一段时间，各楼盘的价格与开盘价相比都会有一定幅度的上涨。”

客　　户：“那也不能别人涨你们也涨啊。”

售楼人员："张小姐，我们不是跟风涨价，而是整个市场都这样。我们楼盘的品质在同档次楼盘中算是佼佼者，小区的环境和配套也非常完善，自然受到很多购房者和投资者的青睐。上个月您来看的时候16 000元，这个月涨500元，仍旧有很多客户来售楼处看房买房。您看这个时间都有这么多人在这里看楼就知道我说的是不是真的了。"

客　　户："太贵了，我还是再等等买吧。"

售楼人员："我一个同事，去年刚成婚，觉得房价每平方米13 000多元太贵，想等着楼价跌一些再出手。谁知道才过了大半年，同样的房子每平方米涨了好几千元，现在要买就更加吃力了，他简直都要把肠子悔青了。如果您已经决定要买房，我劝您尽早出手购买。前几天老板开会的时候透露还有涨价的可能，估计您下个月再来的时候，又不是这个价了。"

点评：随行就市、水涨船高是所有商品的价格波动规律，对市场的分析有利于帮助客户接受你的观点，恰当事例的引用也可以帮助客户作出最终的决定。

正确应对示范2

客　　户："上个月来看每平方米才16 000元，怎么又涨价了？"

售楼人员："张先生，您上次说要回家考虑考虑，之后就没您的消息了，我以为您把我们这楼盘给忘记了。"

客　　户："呵呵，前段时间出差了。可是这才一个多月的时间，怎么就涨了这么多？"

售楼人员："张先生，您也知道我们楼盘是分期开盘的，一期已经差不多卖完了，楼盘的品质得到了业主的肯定，获得了很好的口碑。前段时间二期开盘，场面非常火爆啊，当天一共有1 000多人参加抽签，一会儿就将350套房源抢购一空，最后还临时加推了100多套。您上次看的那栋楼，基本卖得差不多了，现在只剩下几套大户型。”

客　　户：“我上次看的那套3011室卖出去了吗?”

售楼人员：“还没有，不过有几位客户对这套房子挺满意，尤其是一位姓张的老板，来看了几次，不出意外的话，过几天就会落定了吧。不过他不是我接待的，具体情况我不是很清楚。如果您喜欢的话，我可以问下我同事。您这回可得把握住机会，该出手时就得出手了，免得下次再来的时候发现房价又涨了。”

客　　户：“不是吧，还要涨?”

售楼人员：“我是听我们经理讲的，他说公司好像正在商讨是不是要再涨一点价。如果经济形势一直这么好的话，这也不是不可能。比如，××楼盘较年初开盘时已经涨了3 000多元，所以我劝您早点和家人商量一下，趁早出手。”

点评：虽然未能置身现场，但是售楼人员的描述却足以让客户感受到当时场面的火爆；客户看过的房子虽然还在，但是多人关注的状况也凸显了抢手的氛围；虽然没有正式通知，但不经意间透露出来的小道消息也让客户的心揪了起来。种种气氛的营造，目的只有一个，那就是让客户该出手时就出手。

情景70：已经给了最低价，客户还是不满意

很多时候，明明已经给客户最低折扣了，可是客户还是不满意。对此，大多数售楼人员都觉得很无奈，不知道该如何说服客户。

错误应对

1. “这已经是最低价，买不买您自己定吧。”

点评：你觉得是最低价，客户可不一定这么觉得。而且，这样的话让客户听起来

好像是你不乐意为他服务，从而产生不满。

2. “你这人怎么这么不干脆，这已经是最低价了。”

点评：这样的话听起来像是在责怪客户，让人很不舒服。

情景解析

总体而言，议价过程可以分为三个步骤，即引导买方出价、吊价、让价成交。

（1）引导买方出价

当你确定客户已经产生了购买兴趣，并且楼盘能符合他的要求，即可引导买方出价。

（2）吊价

无论买方第一次出价多少，一定要加以拒绝。如果你在客户第一次出价时就答应的话，客户会认为你所报出的价格太虚假了，而且他的出价也太高了，否则你是不会那么爽快就答应他的出价的。

买方第二次出价时，原则上仍应采取吊价策略。这更多的是一种心理策略，目的是为了让客户觉得价格谈判并不容易，想要更低的价格是不可能的了。

至于是不是第三次吊价或予以成交，则要视具体情况而定了。如果你能确定买方非常喜欢这套房子，而且不必再进行第三次吊价（客户的出价已经在可以接受的范围之内了），即可在第二次吊价时，就考虑采取行动。

采用吊价策略的一个重要原因是：如果过于轻易地降价，即使给出的已经是最低的价格了，也会让客户觉得价格还是高了，从而让他对自己的出价感到后悔并继续压价。

（3）让价成交

当我们确定买方在极力争取价格，并且是非常喜欢或很急迫时，通常可以确定已经到达成交的边缘，只要给出适当的让价，客户就会马上成交。那么，如果价格在我们可接受的范围之内，你可以给客户适当的让价，以促使交易的迅速达成。

要注意：在让价成交时，你必须提出相应的条件，比如让买方马上下定金，能够马上签合同的就不要拖延。记住，收取越多的定金，退订的几率也会越小，而且越早签订合同，对我方也就越有利。

正确应对示范

（公司价目表：15 000 元/平方米；你的价格底限：14 600 元/平方米）

售楼人员：“王先生，您认为我们的价格太高，那您觉得多少钱合适呢?”

客　　户：“14 000 元/平方米。”

售楼人员：“王先生，我们的价格是根据成本来制定的，这个价格是绝对不可能的。单从楼面地价而言，我们就需要 8 800 元/平方米。”

客　　户：“14 500 元/平方米。这是我所能承受的最高价了。”

售楼人员：“王先生，说真的，我也很乐意帮您，可是这个价格我还是没有办法接受。我要是按着个价格卖给您，公司就要开除我。”

客　　户：“不会的，你们领导奖励你都来不及，怎么会开除你呢？这个价格可以啦。”

售楼人员：“王先生，您就别让我为难了。这样吧，我帮您向领导申请看看能否给您打个九八折。如果您觉得这个价格可以接受，我就马上给我们领导打电话。”

客　　户：“好的。”

售楼人员：“王先生，那要先说好了，如果领导同意给您九八折，您今天就得马上下定金，否则我会被领导责怪的。”

客　　户：“这没问题。”

点评：价格谈判是一场硬仗，售楼人员一定要学会守价，面对客户一而再、再而三的降价要求，要学会说“不”。而对可以给出的优惠，也不能过于爽快，否则客户会认为尚有很大的降价空间，而这会让你陷入无穷无尽的讨价还价之中。

情景 71：我都来那么多趟了，很有诚意的，你就优惠点嘛

客户为了获得一些折扣，往往会不厌其烦地讨价还价，还会发动感情攻势，表示自己购买的诚意，或者承诺会介绍朋友过来光顾。面对客户如此猛烈的攻势，售楼人员应该怎么应对呢？

错误应对

1. “既然您这么有诚意，与其这么跑来跑去，不如定下来算了，这已经是我们最优惠的价格了。”

点评：客户的购买热情是需要煽动的，这种回答过于平淡，对客户快速作出购买决定作用不大。

2. “如果可以便宜点，我早就卖给您了，没必要拖到现在啊。”

点评：这种回答只是死板地告诉客户确实是没办法再优惠了，但却没有让客户感觉到你任何的积极主动，也没有让客户感觉自己到了足够的重视，客户可能会认为你根本没有在为他多争取些利益。

3. “您想优惠多少？”

点评：这种开放式的问句只会给客户更大的杀价空间，在你无法让步的情况下，这将会让双方陷入讨价还价的僵局，阻碍销售进程的发展。

情景解析

有些客户为了获得一些折扣，会不厌其烦地来来去去，与售楼人员讨价还价。作为售楼人员，应该清楚并理解客户的这种心态和行为，不能表现出不耐烦或轻视的样子，重要的是想办法去打消客户要折扣的想法。

如果公司有统一的价格折扣，已经没有让价的空间，售楼人员就算知道拿不到折扣，也没必要一口回绝客户，可以表示愿意去帮对方向领导争取，这样无形中增加了客户对你的信任。就算最终没有拿到折扣，客户也会认为你够热情和友好。如果直接拒绝客户，很可能把关系搞僵，不利于下一步的沟通。

如果此时还有一定的让价空间，那么也不要立刻答应客户、一次性亮出底牌，而要先探明客户对楼盘价格的接受程度。当客户开出成交价格时，即使在底价之上，也不要立马答应。可以相应地提出一些附加要求，比如在给客户优惠的同时，让客户立马下定。当客户不出价时，售楼人员可使用少量折扣或者一些优惠来引诱对方出价，再强调本楼盘的价值和利益，引起客户的谈价兴趣。

正确应对示范1

（没有让价空间）

客　　户：“我都来那么多趟了，很有诚意的，你就优惠点嘛！”

售楼人员：“张小姐，我知道您很有诚意想买这套房子。但很抱歉，我们公司的价格政策非常严格，此次规定的统一折扣就是九八折，我们售楼人员是没有权力降价的。要不这样吧，如果您确实想要，我就帮您去经理那儿申请一下，看看能不能拿到一些折扣。但我得先向您说清楚，我只是帮您努力争取，并不一定能拿到折扣，如果拿不到，您可别怪我啊。”

客　　户：“不会的，怎么能怪你呢！”

（过了一段时间，从经理室出来）

售楼人员：“张小姐，十分抱歉，我们经理说了，这是公司统一的折扣价，没法再便宜了。但他表示可以额外送您一些礼品，您看怎么样？”

点评：客户有的时候可能在意的并不是具体能降多少钱，而是想看看你对他是否重视。本案例中，在没有让价空间的情况下，售楼人员仍做出努力为客户争取最大化利益的姿态，即使客户最初的价格要求未被满足，心里也会满怀感激，自然也就不会再过于纠缠。

正确应对示范2

（有一定的让价空间）

客　　户：“我都来那么多趟了，很有诚意的，你就优惠点嘛！”

售楼人员：“王先生，我也知道您很有诚意，但是我们公司有严格的价格制度，优惠幅度不是我们这些售楼人员能决定的。”

客　　户：“别蒙我了，我一个朋友也是做房地产的，他告诉我大部分折扣还是由售楼人员自己掌握的。”

售楼人员：“既然您的朋友是个行家，我也就不和您拐弯抹角了。您也应该知道，公司会控制我们的价格底线，此次公司统一规定给客户的优惠都是九八折，您看中的这套房子折后价是970 130元。”

客　　户：“96万元，可以的话我立刻就买。”（客户提出的价格在底线之上）

售楼人员：“对不起，王先生，我权力有限，不能自己做主。我看您也来了这么多趟，的确很有诚意要买，这样吧，如果您能马上付定金，我可以向经理请示，努力为您争取一下，但能不能争取到我就不敢保证了。”

客　　户：“你去请示就好了，为什么要马上付定金？”

售楼人员：“王先生，如果每位客户都让我去向领导请示要折扣，而且我还不能保证对方是不是真的要购买，领导一定会怀疑我的能力。据我们观察，经理从没有在客户未交定金的情况下给过折扣，如果您真的有诚意想买，就付下定金，让我有个和领导申请折扣的理由，这对您来说又没有损失，是吧？”

点评：有个成语叫做“难能可贵”，是指难以做到的事情才会更加值得珍视。作为售楼人员，如果能够成功地让客户体会到这种感受，相信你的业绩上又会多上亮丽的几笔。

情景72：你们房子的价格太高了，总价超出了我的预算

好说歹说，客户始终觉得价格太贵，还时时表示总价超出了他的购买预算。通常来说，只要客户提出价格异议，就已经对楼盘产生了一定的兴趣，否则就很难进入到价格谈判这一环节。客户对楼盘满意，但是对价格不满意，这种情况在销售中最常见，售楼人员要怎么让客户觉得这个价钱是合理的呢？

错误应对

1. “不会吧，这个价格已经很低了。”

点评：这种回答会给客户很大的遐想空间，觉得价格肯定还有的谈。

2. “这是公司统一规定的，不能再便宜了。”

点评：“统一规定”的话外之音可能是“特别申请”，这种回答不仅无法化解客户对价格的异议，而且客户还会继续游说你降价。

3. “那您要不要看看面积小一点的房子？”

点评：这种回答有点轻视客户的意味，容易引发客户的不满，等于是在给自己制造销售阻碍。

情景解析

当客户提出“总价超出预算”或者“买不起”的时候，售楼人员不能盲目相信，而是要想办法摸清客户的真实底细：是真的没有足够的支付能力，还是对楼盘有疑问或有不满意的地方，或者只是要求降价的借口。如今很多购房者都是砍价高手，售楼人员一不留神很可能就钻进客户设计的“圈套”里去了，进而在价格谈判中处于被动地位。

如果客户没有足够的支付能力，那么售楼人员可以建议客户选择银行按揭付款，或者增加按揭年限（当然是要在银行政策允许的情况下），缓解客户目前的经济压力和心理压力；如果客户对楼盘有疑问或有不满意的地方，那要通过具体询问，根据客户的回答来具体解答；如果是客户要求降价，那么在公司价格底线之上，可以根据客户对价格的态度，像挤牙膏一样一步步作出让步，当然要注意及时遏制客户继续砍价的念头，表示已经没有降价的空间。

正确应对示范

客　　户：“你们的价格太高了，总价超出了我的预算。”

售楼人员：“王小姐，之前我也向您介绍过了，这个区域的发展前景看好，未来楼盘有很大的升值空间。您现在买下来，两三年后价格可能就会翻一番了。”

客　　户：“房子是不错，但总价真的太高了。”

售楼人员：“王小姐，照目前市场行情来看，这个价格真的不算贵了。您听我给您算一下，暂且不说70年的房屋使用年限，就拿50年来算吧，总价100万元的房子，您一年只要花20 000元，每个月支付不到2 000块，就可以拥有一套属于自己的房子，比租房划算多了吧。您一家三口租个两室两厅，至少也要1 500来块。只要多花一点点钱，就能为孩子争取一个更好的生活环境，何乐而不为呢?”

点评：嫌货才是买货人，客户开始跟你讨价还价就说明他对房子还是满意的，所以，售楼人员万不可在这个时候轻易地打退堂鼓。有经验的售楼人员会用本案例中的“摊销法”来为客户算一账，降低客户的心理压力。

情景73：对面××楼盘打九七折，赠品也比你们丰富

一些较为精明的买家，如果看准了某个楼盘，平时除了会收集目标楼盘的资料外，还会专门收集该楼盘竞争对手或附近楼盘的详细资料。一套房子动辄几百万元，客户是不会因为一个几百元钱的赠品就买房的。但是，在进行价格谈判的时候，客户就会以此为借口向售楼人员发难，如“对面××楼盘打九七折，赠品也比你们丰富”，希望售楼人员主动让价，从而得到更多的优惠。面对这种情况，售楼人员要如何应对呢？

错误应对

1.“其实赠品不重要，关键还是楼盘品质要好。”

点评：这样的回答说的是实理，但是却让客户听了不舒服，让他觉得自己在售楼人员眼里仿佛就是个贪图蝇头小利的人，这容易给售楼人员的销售制造不必要的障碍。

2.“现在很多楼盘都是抬高价格后再打折，忽悠你们的。”

点评：这样回答一方面有诋毁竞争对手的嫌疑，另一方面也容易让客户误认为你觉得他是个大傻瓜、冤大头。售楼人员说话不留情面，客户自然不会痛快地把赚钱的机会留给你。

3.“我们的价格比较实在，折扣自然比较低。”

点评：这种说法语言太过贫乏，没有具体的数据或者事例来做支撑，容易让客户误认为你是为了搪塞他而随便瞎忽悠。

情景解析

楼盘的地段、户型、环境、配套等各方面素质会被客户拿来与竞争对手比较，折扣和赠品自然也会被客户拿来比较。客户为了获得更多的谈判砝码，有时会故意拿竞争对手的优势来比我们楼盘的劣势，这在客户异议中非常常见。到了价格谈判这一环节，为了获得更多的谈价砝码，客户还会拿竞争对手的折扣力度和赠品的丰厚程度来作为异议。

面对客户的此类异议，售楼人员一定不要急着诋毁对手，而要先冷静下来，以同理心去理解客户的心情，安抚客户的情绪。之后客观地分析竞争楼盘的优缺点，承认竞争对手的折扣和赠品比自己的楼盘更多，同时以坦诚的态度告知客户竞争楼盘的一些不足之处，再顺势把客户的注意力转移到有利于本楼盘的优势和能够给他带来的价值上，强调楼盘的高性价比。在折扣问题上，要坚持公司的公开折扣，不能随意做出让步。但在赠品的问题上，可以表示认同并感谢客户的建议，勇敢地承认在这方面的疏忽与瑕疵。

正确应对示范1

客　　户：“对面××楼盘打九七折，赠品也比你们丰富。”

售楼人员：“这个我知道，很多客户也向我们反映过，但在听过我们的解说之后，又都选择买我们的房子。”

客　　户：“哦？那你说说看。”

售楼人员：“××楼盘虽说打九七折，但是您知道它的原价吗？均价每平方米16 000元，足足比我们高出3 000元。就算有九七折，打完折后是15 520元，照样比我们的价格高。何况我们楼盘现在的公开折扣是九八折，这中间的差价您一算就知道了。”

客　　户：“可是人家的规模比较大，开发商比较有实力。”

售楼人员：“是的，××楼盘的规模是比我们大，开发商比较有实力。但是抛开这个不说，我们的地段、周边环境和配套都一样，外部条件是没有差别的。楼盘的建筑品质，您就更不用怀疑了，我们小区绿化率达到40%，容积率刚好2，住在这里肯定非常舒适，我想这也是您选择我们楼盘的原因。”

点评：数字直观、理性，它是售楼人员的好帮手。面对客户的各种疑虑，只要你对自己的房子有信心，具体数字一摆出来，问题就会迎刃而解。

正确应对示范2

客　　户：“对面××楼盘打九七折，赠品也比你们丰富。”

售楼人员：“王先生，听说他们送液晶电视、电冰箱、微波炉之类的电器是吧？关于赠品这问题，我们公司也正在调整，希望能赠送一些对客户有用的东西，还希望您能给点意见。”

客　　户：“赠品这个倒不是大问题，但他们都给出九七折了，你们怎么只有九九折？”

售楼人员：“我们楼盘因为地段优越，建筑品质有保证，能够按时交房，所以销售状况非常好。您也看到了，虽然很多人都在观望，但是每天来我们这儿看房、买房的客户依旧很多。当然了，这并不是我们不降低折扣的原因，主要还是因为我们的价格是实实在在的，没有什么水分。此次的促销活动，纯粹是为了在节假日回馈广大客户而举办的。”

点评：买房子是大事，客户为了能给自己谋求到一个更实惠的价格，总会拿其他楼盘的优势来跟你的楼盘的劣势作对比。这个时候，售楼人员一定要善于引导，将其关注点更多地转向你楼盘的优势上去，这样才能促使客户更快地作出决定。

情景74：你们又不是品牌开发商，价格还那么高

买什么样的房子才最省心、最放心呢？就如日常生活中买汽车、买衣服一般，人人都会选择“品牌开发商”。因此，在价格谈判中，客户常常会拿开发商的知名度不高、项目没有名气作为异议，希望售楼人员能主动让价。面对客户的这种异议，售楼人员要怎么应对呢？

错误应对

1.“不会吧，我们的价格不高啊。”

点评：这种回答流于贫乏，没有提供具体的证明或有力的说法作为支持，根本无法消除客户的异议。

2.“品牌开发商的楼盘并不一定都是好的，我们的品质也非常好。”

点评：品牌一般而言就意味着信誉、实力和质量，这种应对方法会有诋毁竞争对手的嫌疑，对“品牌”情有独钟的客户会觉得，“品牌开发商的都不一定好，那你们就更没保障了”，从而使客户的购买信心大为降低。

3.“这点我也不知道怎么和您说，很少客户说我们的价格贵啊。”

点评：这样的回答显得你很无奈，也容易让客户误认为你觉得他是在无理搅三分，从而对你心生不满，给自己的销售制造不必要的障碍。

情景解析

价格一向是销售过程中最为敏感的区域，其实价格高低对于客户来说只是一种感觉，而这种感觉主要来源于与竞争对手的对比，或者是客户所处的环境和阶层，这些因素都可能导致客户对价格产生不同的理解。

国内某知名网站对购房者意愿进行了调查，结果显示，有将近80%的购房者更倾向于购买“品牌开发商”开发的楼盘。如果本楼盘知名度低或者没有任何知名度，那么客户就会怀疑开发商的实力和楼盘的品质，尤其是在进行价格谈判的时候，会以知名度不高为由挑剔价格。

面对客户的挑剔，售楼人员应肯定对方意见中非实质性的内容（如品牌知名度不高），与客户产生共鸣，再借机表达自己不同的看法，如向客户表示品牌开发商在知名度上固然有优势，不过正因为我们知名度不高，为打开市场，更加注重房屋质量和项目的特色，而且相较于品牌开发商，价格更为合理。再用利益强调法，强调楼盘未来的升值潜力和发展前景，让客户觉得该楼盘是他在本区域的最佳选择。

正确应对示范1

客　　户：“你们又不是品牌开发商，价格还那么高。”

售楼人员：“虽然我们公司的知名度比不上万达、恒大这样的大品牌，但正因为目前知名度低，为了打开市场、提高知名度，我们更加注重房屋建筑质量和项目的特色。我们公司特意聘请了全国知名的建筑师来操刀设计本楼盘，图纸经过反复修改才最终确定下来。”

（把客户引至沙盘）

售楼人员：“现代人工作繁忙、精神紧张，为了舒缓人们的压力，我们建筑师特地到最适合居住的北欧进行考察，力求让建筑体现一种简单而悠闲的生活状态。您看，我们楼盘的建筑风格、建筑细节、景观绿地等方面处处都散发着北欧风情，这种理念和设计风格在国内还是很少见的，2009年××公司也开发过以北欧风情为主的楼盘，不过都是豪宅，每平方米超过5万元。所以说大品牌开发商好是好，但是他们开发的楼盘大都价格昂贵，而我们楼盘的价格就更加实在。其实只要品质有保证了，为什么一定要选择更贵的楼盘呢，您说是吧？”

点评： 品牌知名度上不占优势，就应该把客户的注意力及时地转移到你的优势项目上去。客户买房子，最看重的还是房子的质量、小区的配套等，售楼人员可以将自己楼盘的优势最大限度地呈现在客户面前，其对品牌的关注度也就会自然而然地弱化。

正确应对示范2

客　　户：“你们又不是品牌开发商，价格还那么高。”

售楼人员：“是的，正如您说的，我们公司的品牌知名度的确不是很高，那是因为我们没有在广告宣传上投入太多。我们老板是个非常低调的人，他把大部分资金都用在楼盘的建筑上了，他一直告诉我们，房子是要让人住一辈子的，只有业主居住满意了，这才是对我们的最大肯定。”

客　　户：“可是宣传很重要啊，你看那些报纸和户外广告，都被品牌房地产商给占了。”

售楼人员：“把大把钱砸在广告上，其实最终花这钱的还是买房子的人，您说是吧？我们减少广告投放，就是为了节约成本，把钱花在刀刃上，所以我们的价格是实实在在的，没有一点水分。”

点评： 对客户观点的适度认同可以拉近售楼人员与客户之间的距离，这样一来，客户就更容易接受你的分析或者建议了。

情景75：我是你们的老客户介绍过来的，多给点优惠吧

许多开发商都非常重视这种“老带新”的销售方式，纷纷推出类似“带新客户购房，老客户可免除半年的物业管理费”等优惠政策，以鼓励老客户的积极性。但对老客户介绍过来的新客户，却极少有专门的优惠措施，或者只有一点点的让价空间。售

楼人员要怎么做才能既不违反公司政策又让新客户满意呢？

错误应对

1. “没办法，我们的价格都是公司统一规定的。”

点评：这样冷冰冰地直接拒绝客户，唯一的结果是客户另觅其他售楼人员或其他楼盘。

2. “对不起，九八折已经是最低折了，就是老客户再过来买，也都是一样的！”

点评：这样回答等于是在告诉客户“老客户再来买都不会降价，新客户就更别想优惠了”，不仅会让新客户觉得你们公司没有人情味，而且，这话一旦传到老客户的耳朵里，也会让老客户因为感到颜面扫地而气愤不已。

3. “您希望优惠多少？”

点评：售楼人员一定要避免使用这种反问句，因为这样回答会拉高客户对降价的期望值，你将过早地陷入价格战之中。

情景解析

对于老客户介绍过来的新客户，售楼人员要热情周到，给予其特别的尊重，并感谢老客户的支持。当客户以自己是老客户介绍过来的为由要求降价时，情况允许的条件下，可以为其争取一些折扣或优惠。在让价的时候，最好用挤牙膏式的方法慢慢挤，一次退一小步。这样做不仅可以有效遏制客户谈价的心态，而且让客户感受到你是真的在为他争取最大的利益，从而对你更加信任。另外，老客户也会觉得你重视他，以后可能还会介绍朋友来光顾，为你带来更多的新客户，这种良性循环对售楼人员来说是一种非常有利的投资。

当然，不排除有些客户为了争取更大的优惠，会随意编造说是老客户介绍过来的。

对此，售楼人员要巧妙地进行审核，最婉转也最有效的一个方法就是以公司会给老客户赠送礼品为由，让客户填写老客户的详细资料。这样一方面可以防止客户“浑水摸鱼”，另一方面也可以进一步维系与老客户的关系。

正确应对示范1

客　　户：“我是你们老客户介绍过来的，可以优惠多少？”

售楼人员：“张先生，非常感谢您的支持和信赖，既然是老客户介绍过来的，我肯定会给您最优惠的价格。请问是哪位先生或小姐介绍您过来的？我们要做好登记，您购买后，我们会赠送他一份精美礼品作为他给我们介绍新客户的回报。”

客　　户：“他前两个月才买的，就是邓××，我可以优惠多少？”（证实有此客户）

售楼人员：“张先生，本来您看中的这套房子是目前最畅销的户型，价格上是没有优惠的。但因为您是老客户介绍过来的，为了向您表示我们的诚意和感谢，我会向经理申请额外赠送您一年的物业费，这是您的朋友购买的时候没有的。”

客　　户：“就这么点也叫优惠？你们就这么对待老客户介绍来的客户啊！”

售楼人员：“张先生，您先别急，介绍您来的那位邓先生应该向您介绍过我们楼盘，相信您也是对我们楼盘满意才来这里的。这样吧，如果您真的有诚意购买，现在就能下定金的话，我这就去向我们领导请示，看是否能再为您争取一点折扣？”

点评：对待老客户介绍来的新客户一定要热情，但是能给的优惠也不能一下子给出。有时候，客户要求的优惠不是最多而是比别人多，而且，售楼人员表现得越为难，客户的心理体验就越好，就越有被重视的感觉，也就越容易成交。

正确应对示范2

客　　户：“我是你们老客户介绍过来的，可以优惠多少？”

售楼人员：“张先生，非常感谢您的支持和信赖，既然是老客户介绍过来的，我肯定会给您最优惠的价格。请问是哪位先生或小姐介绍您过来的？我们要做好登记，您购买后，我们会赠送他一份精美礼品作为他给我们介绍新客户的回报。”

客　　户：“他是我的同事，他说是一位叫小李的人接待他的。既然他都有礼品，那我应该有更大的优惠吧？”

售楼人员：“张先生，您应该也知道我们楼盘的品质一流，各项服务等也非常完善，我想这也是您同事介绍您来购买的原因。正常情况下，金九银十这种销售旺季是没有优惠的，但您是老客户介绍过来的，应该享受特别的待遇。如果您现在能马上定下来的话，我会向公司申请为您打九九折。”

客　　户：“才九九折，怎么也得九八折吧。”

售楼人员：“张先生，您可别小看了九九折，您这套房子原价总价是185万元，打九九折扣之后，少了将近2万元，这已经是最大的优惠了。若非您是我们老客户的朋友，我们是没折扣的。”

点评：老客户介绍来新客户，售楼人员一定要在新客户面前表示出对老客户的感谢，同时，也要让新客户感觉到，正是因为老客户的介绍，才会给其特别的优惠，一般人是拿不到这个折扣的。有了比较，客户的心理才能得到满足，你的销售过程也才能更加顺利。

情景76：我是你们的老客户了，多打点折吧

对于房地产行业而言，老客户的重要性不言而喻，因此，开发商一般对于已购房的老客户再买房都有优惠政策。但是有些老客户很容易“倚老卖老”，会要求更多的折

扣。售楼人员怎样才能遏制他们不断砍价的念头呢?

错误应对

1.“没办法,如果可以的话我早就给您优惠了。”

点评:老客户有更多的价格谈判经验,他们清楚即便售楼人员没有折扣,销售经理手中也有一定的折扣,只要坚持到底,碍于情面,销售经理会给予额外的优惠折扣。所以,你这样干巴直白地回答,会让老客户误认为你根本就不愿为他的利益做任何努力,他就可能转向其他处事灵活的售楼人员。

2.“既然是老客户,那就应该知道我们公司是不讲价的,我给您的已经是最优惠的价格了。”

点评:这种说法与第一种类似,面对这类老客户,只言片语是难以说服的。

3.“您还想要优惠多少?”

点评:售楼人员一定要少用反问句,因为反问句式很容易提高了客户对降价的期望值,认为有很大的让价空间,将会使售楼人员接下来的应对变得很被动。

情景解析

很多售楼人员认为和老客户的交易会比新客户轻松很多,可以在过去良好往来的基础上,用更少的时间和精力来促成交易。事实上,在价格谈判阶段,老客户比新客户更难缠,更懂得利用“老客户”这一头衔来控制谈判节奏、调整交易砝码,而最终的结果往往是你付出了更多的时间和精力,却以较低的价格售出了同样的产品。

在同老客户进行价格谈判时,一定要遏制客户的杀价念头。如果你轻易让步给出九九折,他可能要求你给九七折或者九五折,这样你就处于非常被动的地位。尤其需要注意的是,在表示可以提供折扣时,必须是在成交的节骨眼上。对于购买几套房子或者好面子的老客户，售楼人员可以把他们介绍给公司经理或领导人认识，让客户感觉很受尊重、很有面子，从而成为你最忠实的客户。最后，还要关照他们，不要把自己的折扣告诉别人，让客户觉得自己得到了比他人更多的优惠和好处。

正确应对示范1

客　　户：“我是你们的老客户了，多打点折吧。”

售楼人员：“王先生，我当然知道您是我们的老客户了，正是因为这样，所以我刚才告诉您的就已经是老客户的优惠价了，其他客户来最多只有九八折的优惠，不信您可以去问问。”

客　　户：“小陈，上次来也是你接待我的，你也知道我快人快语，你就实在点，能帮我申请到什么折扣?”

售楼人员：“这样吧，如果您能确定就要这套，我可以为您向领导争取一下，说您是我们老客户了，看能不能帮您多要点优惠。”

客　　户：“你看我钱都带来了，只要价格满意，我可以立马下定。”

点评： **面对老客户，谈判的重中之重就是价格，只要老客户认为价格方面你给他足够的重视，那么他掏起腰包来就比新客户爽快得多。其实，老客户要求的并不是具体多少的优惠，而是“比别人多”的优惠，这样才能让他的心理上有满足感。售楼人员只要抓住了老客户的这个心理，谈判一定会所向披靡。**

正确应对示范2

客　　户：“我是你们的老客户了，多打点折吧。”

售楼人员：“张先生，您是我们的老客户了，您应该知道，我们楼盘的价格都非常实在，而且工程质量和工期都非常有保证，这也是您再次光顾的原因吧。我刚才告诉您的已经是公司特地为老客户开的折扣价了，其他客户来，基本上只有赠送一些礼品或者物业费，是不可能拿到这个折扣的。”

客　　户：“我这都买第三套了，不会连一点优惠都没有吧？”

售楼人员：“这样吧，如果您能确定就要这一套，我可以介绍您跟我们经理谈，看看他能不能给您额外的优惠，您看怎么样？”

点评：将老客户顺势推给自己的上司是一个非常明智的做法，一方面可以让客户感觉到你实在是为其利益最大化尽了最大的努力，另一方面也体现了你对老客户的尊重。

情景77：我和你们公司领导是朋友，再优惠点吧

在售楼处接待客户，难免会遇到以认识自己的上级或领导为由要折扣的人。他们往往会表示自己是某领导的朋友，只是不想麻烦他才直接来售楼处的，希望你能再给点优惠。如今的购房者个个都是砍价高手，靠关系要折扣的人很多，但是其中的真假虚实，还需要售楼人员靠自己的经验和阅历来辨别。客户是上帝，得罪了他就失去了生意，如果这位客户真是领导的朋友，得罪了他对自己的工作也很不利。面对这样复杂的情况，售楼人员该怎么应对呢？

错误应对

1.“不好意思，就算是经理的朋友也是这个价。”

点评：你的这种回答太过生硬，会让客户感觉自己在自讨没趣，非常没有面子。

2.“我做不了主，您直接打电话给他吧。”

点评：这种回答明显是在怀疑客户所说的话。接下来，你的这种回答可能会有两

种结果：一是客户说的是真的，那么客户的一通电话将把你办事不力的形象完全呈现在经理面前；一是客户的确是随口一说，根本不是经理的朋友，那么你的这句话会让他下不了台，使他一气之下放弃购买。

情景解析

售楼人员是一线销售人员，客户就是衣食父母，无论什么时候都要照顾到客户的面子，满足客户的虚荣心和要求被重视的心理。当客户提出自己是经理的朋友，希望有更多的优惠时，最好的办法之一就是拿公司严格的价格机制作为挡箭牌，因为任何客户都不希望看到开发商价格混乱的现象，这样说不但不会阻碍成交，相反还有助于成交。

一些比较执着的客户，即便是听到公司规定也无动于衷，仍旧一再要求折让。从好的方面看，这说明客户真的有购买意愿，那么售楼人员要抓住机会促成交易。如果客户的要求在公司价格底线之上，售楼人员最好也不要轻易答应，应设立折扣障碍，提出下定金等附加条件，或者表示该折扣需要经理把关，让客户有好不容易争取到优惠的感觉。

正确应对示范1

客　　户：“我和你们经理是朋友，怎么说也得再优惠点吧？我只是不想麻烦他而已，要不我现在给他打个电话？”

售楼人员：“王先生，您是我们经理的朋友，那价格这方面您大可以放心，我给您的九八折已经是公司最优惠的价格。开盘前我们老板就交代过了，价格制定之后，所有人都不能随意更改。我只是售楼人员，更没有权利了。”

客　　户：“俗话说事在人为，你不帮我争取，怎么知道行不行呢？”

售楼人员：“王先生，您这有点为难我了，九八折后每平方米是10 950元，您肯定看过很多楼盘了，应该知道这个价格是非常实在的。”

客　　户：“如果每平方米能再低50元，我就要了，你看我定金都带来了。”

售楼人员：“这样吧，王先生，如果您真的有诚意，我可以替您向领导请示一下，看看能不能给您再优惠点。先说好啊，我只能尽力为您争取一下，但不能保证一定争取到。”

客　　户：“行，你替我多说说好话。”

（表现出万般无奈，让客户觉得自己得到了最优惠的价格）

售楼人员：“领导说了，最低只能是10 920元，这个价是底线了，您也不要再砍了，再砍也没有任何余地。如果您真心想买，就按这个价成交。您总价超过了100万元，我们可以赠送您一台液晶电视。”

点评：打人情牌是客户买房时经常使用的招数，售楼人员一定要在给足客户面子的前提下努力守住价格。即使可以给出适当的优惠，也要表现得非常为难，你付出五分努力要让客户看到十分。只有这样，客户才有被重视的感觉，心理也才会得到满足，也就不会再在价格上多做纠缠。

正确应对示范2

客　　户：“我和你们经理是朋友，怎么说也得再优惠点吧？我只是不想麻烦他而已，要不我现在给他打个电话？”

售楼人员：“您是我们经理的朋友啊，那您应该对我们公司有一定的了解吧？”

客　　户：“是的。”

售楼人员：“相信我们经理也跟您提过，我们公司的价格制度是非常严格的，我们售楼人员是不能随意更改折扣的。当然，这也是为了保障所有客户的利益，我们总不能给您九八折，给其他客户九五折吧，这样是不是对您也不公平？”

客　　户：“我知道你们售楼人员有折扣的，您就帮着通融一下。”

售楼人员：“我们对所有的客户都一视同仁，不信我可以把所有已经成交的合同调出来给您看是不是统一售价。当然，几次提价和促销的情况应该排除在外。”

点评：严格的价格管理制度也是楼盘质量高下的一个反映，售楼人员以此来说事，不仅不会让客户觉得下不来台，反而会让客户更容易接受没有特别优惠这个事实，会更利于销售工作的开展。

第五章 突破最后的成交障碍

情景78：我还要再考虑考虑

很多客户在看楼后，常常会习惯性地说："我还要再考虑考虑。"通常客户说这句话的时候，并非对楼盘不满意，而是认为买房子是件大事，不能轻率作决定。这时候，如果让客户回去考虑的话，你很有可能失去促成交易的大好时机。那么，当客户表现出成交意愿，嘴上却说要再考虑考虑的情况下，售楼人员应该怎么"推"客户一把呢？

错误应对

1. "如果您今天能够下定，我再给您申请更优惠的价格，可以在我们所谈的基础上打九五折。但仅限今天，过了明天我就不好申请了。"

点评：售楼人员的强势销售只会让客户心有疑虑，就算最终妥协了，他也会在稍有不妥的情况下萌生悔意，之后立马毁约。而且客户听到还有谈价的空间，会提出更多的要求，反而容易让售楼人员陷入被动的局面。

2. "这套房子这么好，现在不买可能过段时间您想买的时候就没了。"

点评：这种回答属于"逼定"，售楼人员在说话的时候切忌显得太过着急，否则客户往往因为害怕上当而更加不肯买了。

情景解析

客户表示要回去考虑考虑，可能有两个原因：一是对楼盘基本满意，但是怕自己是外行看不清门道，冲动之下作出错误的决定；二是心里对楼盘、价格或者交易手续还有疑问，只是不好意思直接说出来。

正常情况下，在经过产品介绍和价格谈判之后，客户提出要考虑考虑，只是在成交前的一种犹豫心理。他会想还有没有什么没考虑到的或考虑周全的地方，需要时间再整理一下，这是一种正常的心理。售楼人员不要着急上火，而是要冷静地回忆一下整个交流、演示和说明的过程，看看是自己没有介绍完整，还是客户对楼盘有其他看法。

当然，最直接的办法是询问客户到底还有什么疑问。在询问客户之前，最好能站在客户的角度上，认同客户此刻的心理，理解他的顾虑，以降低客户的心理防线，引导客户大胆说出他的顾虑，而后针对客户的问题提供解决的办法。因为客户之所以会提出“再考虑考虑”的异议，通常是在听了售楼人员的推介，对楼盘有了一定的认识和了解，并且产生了购买欲望，只是可能还有些疑虑，导致他不能马上作决定。这时候，千万不能轻易地让客户离开，最好是能够“趁热打铁”，以提升销售成功的概率。

（1）礼貌地询问客户还要考虑什么，让客户把他心中的疑虑说出来，以便对症下药。

（2）探寻出客户的疑虑后，你就要再作一次重点陈述，努力消除客户的异议。

（3）与客户共同解决问题。如果你轻易答应了客户“再考虑一下”的要求，而不去探寻客户到底要考虑什么问题，就相当于是让客户去独立解决问题、独立决定是否购买，从而主动放弃了引导权。

正确应对示范1

客　　户：“我还要再考虑考虑。”

售楼人员：“王先生，慎重是好事，像买房子这种大事，我也希望您是经过深思熟虑后才作决定的。其实很多客户都和您一样，在决定购买之前会有些激动和不安，您的心情我很理解。不过您眼力好，看中的这套房子不论楼层、朝向还是户型设计都非常好，有很多客户都挺喜欢这种户型，如果您一再考虑的话，恐怕您中意的房子就要被别人捷足先登了。”

客　　户：“这个我也知道，只是现在就作决定好像太冲动了。”

售楼人员：“王先生，老实说，我接待了那么多客户，您算是心思比较缜密的人，很多客户看到我们开发商的实力和楼盘的品质，一挑到合适的户型就马上购买了。何况，我给您的是内部折扣价，我跟经理说您是我非常好的朋友，他才勉强答应的。如果您错过了这个机会，恐怕下次很难拿到这么划算的优惠了。”

点评：**客户买房当然是有选择权的，但是售楼人员一定要懂得引导。营造房子抢手的气氛可以增加客户的紧迫感，从而加快作出决定。**

正确应对示范2

客　　户：“我还要再考虑考虑。”

售楼人员：“王先生，考虑清楚是必要的，毕竟买房子是一件大事。不过我看您挺喜欢我们楼盘，对这套房子也很满意，请问您还对什么有疑问呢？”

客　　户：“没什么疑问，我只是需要再想清楚一些。”

售楼人员：“王先生，我猜您心里一定有些想法，告诉我吧，说不定我还能提供一些有用的信息。”

客　　户：“我觉得你们的价格还是有点贵。”

售楼人员：“谢谢您这么坦诚。不过这个价格已经非常实在了，您看我们小区的地段，附近就是大型商业圈，有很大的升值潜力。您常说前年就打算买房，您都观望这么长时间了，肯定比我还清楚什么时候该出手。何况，我们经理还答应送您一年的物业管理费，您算算，起码比别人省了三五千元。”

点评：**造成客户犹豫不决的原因有多种，售楼人员只有摸准了真正的“病灶”所在，才能对症下药、药到病除。**

情景79：我先回去与父母/太太商量一下

当售楼人员要求客户购买时，有些客户会表示“要回去与家人商量一下”。客户表示要回去与家人商量，其实大多是故意找借口推迟购买，只有一小部分的客户是真的要回去与家人商量的。那么，面对客户的这种推托，售楼人员要如何应对呢？

错误应对

1.“您是一家之主，您要是喜欢，您家人肯定没有意见，您就自己决定吧。”

点评：这种恭维一定要分清对象，如果客户是非常尊重家人意见的人，你这种无视家人意见的做法肯定会使他对你产生反感，认为你没有家庭观念。

2.“您这么喜欢，这套房子又这么适合你，就不用再考虑了吧。”

点评：这种回答空洞无力，对客户来说没有说服力。

3.“好啊，你们商量好了再来吧。”

点评：这种说法虽然客气，也给客户留有空间，但在没有了解到客户的疑惑之前就主动将客户送走是非常不明智的。假如让疑惑未解的客户就此离开，那么他再次回来的可能性就很低了。

情景解析

客户提出要回家与家人商量时，其真实的想法可能有三种：一是害怕自己作出错误的决定，需要和家人商量后共同作出决策；二是推迟购买的时间，以便为自己争取更多的利益；三是此次购买并不是自己一个人可以决定的（比如首付款需要家里人提供和支持等），需要征得家里人的同意。

售楼人员在处理这个异议的时候，首先要理解客户的做法，以同理心博得客户的好感，然后通过直接询问或者旁敲侧击了解客户这么说的真实原因。如果客户是真的要与家人商量，那么可以用各种合适的理由，如楼盘畅销、户型紧俏、折扣到期等，尽量让客户不出售楼处就能决定下来；如果客户只是拿家人做挡箭牌，要获得一些优惠，那么在条件允许的情况下，可以适当作出一些让步（让步的附加条件是客户能够立刻下定），以促使客户立即购买；如果客户并不是单独的决策人或者说没有决策权，可以向客户传达房屋畅销的紧迫感，促使其尽快带决策人一同前来。

正确应对示范1

客　　户：“我要回家同我的太太商量一下。”

售楼人员：“是的，王先生，买房毕竟是件大事，总要全家人都喜欢才好，与太太商量一下，这样买了才不会后悔。”

客　　户：“是啊，我太太下星期回来，到时候我再带她过来看看。”

售楼人员：“那没问题。只是您看中的这套房子确实很抢手，很多客户都对这套房子挺满意的，而且我费了很大劲儿才帮您争取到九七折这个折扣的。过一个星期的话，我不能保证这房子不会被其他客户看中买走。要不这样吧，您先交10 000元的订金，把这份协议签一下，我为您先保留这套房子一个星期。要知道，我们为客户保留房子必须有个依据，否则其他客户还以为我们故意留着好房子不卖呢。要是您太太看了不满意，您可以把订金拿回去。”

客　　户：“嗯，也行，你想得挺周到，那我就先交订金吧。”

点评：订金其实就是意向金，是一种诚意的表达。客户愿意缴交订金，就说明他本人对房子还是非常满意的，虽然没有办法促成马上交易，但通过这样一个步骤，售楼人员对客户的购买意向却有了一个更为清楚的了解，方便了之后的推介。

正确应对示范2

客　　户：“我要回家同我的家人商量一下。”

售楼人员：“王先生，我感觉您对这套房子还是挺满意的，您说要回家同父母商量，是不是还有什么原因让您不想马上作决定呢？”（引导客户说出顾虑）

客　　户：“我想来想去，每平方米16 600元还是贵了些。如果你能再给我优惠一点儿，我就买了。”

售楼人员：“王先生，这个价格真的是很实在了，是我向经理请求了大半天才要到的优惠，其他客户都是每平方米16 800元。那您说说，多少钱您能接受？”

客　　户：“每平方米再降100元。你多帮我说说好话，肯定可以的。”

售楼人员：“王先生，您这可真是为难我了。我们这么好的地段，每平方米才16 600元，已经是非常便宜了。要不这样吧，如果您能保证今天交定金、签协议，我就再帮您向经理争取争取。但我先声明，每平方米100元的让步是不可能的，能争取多少我也不能保证。”

客　　户：“你就尽量帮我争取争取。”

（去经理处，几分钟后出来）

售楼人员：“王先生，我已经尽了最大的努力，磨了经理好久。经理说，如果您今天下定，同意每平方米再给您优惠50元，也就是每平方米16 550元。如果您今天不能下定，那就没有办法了。”

客　　户：“唉，那好吧，16 550元就16 550元。”

点评：一定不能给客户过大的降价想象空间，否则只会让自己陷入被动，最后说不定还会为了几十元而谈崩。

情景 80：我今天没带那么多钱，明天再来交定金吧

不少客户在被要求交定金时，会以“没带钱”或“钱不够”为借口，表示要改天再来。客户一旦离开，有很大可能就再也不回头了。客户如果以没钱为借口不肯立刻交定金，售楼人员该怎么应对呢？

错误应对

1.“不会吧，您一个大男人，出门连一点儿钱都不带？”

点评：这种应对容易伤害到客户的自尊心和面子，反而给销售造成阻碍。

2.“行，那您明天再来吧。”

点评：这种不做任何努力就轻易让客户离开的做法是非常消极被动的，一旦客户的购买欲望降低或受到旁人的影响，是很难再回来交定金的。

3.“您现在不下定的话，明天就不一定能买到了。”

点评：这样回答时，事先一定要有一定的铺垫，也就是营造房子抢手的气氛，否则，客户会认为你纯粹是在吓唬他，反而更想拖延时间了。

情景解析

客户在被要求下定的时候，心理会比较紧张和不安，因而会找借口推托以拖延时间，这是很正常的心理表现。但是，当客户有购买意愿时，售楼人员是不能让客户随意拖延的，在没有得到客户的定金之前，最好不要轻易让客户离开售楼处。

如果客户表示身上现金不多，可以向客户象征性地收一些，最好问客户可先给多少。如果客户表示身上没带现金，在客户比较随和或者你们相处的关系还不错的情况

下，可以建议客户到附近银行取钱。为了让客户立刻下定，售楼人员要向客户分析下定的好处和不下定的坏处，比如下定了房子就可以为他留着，不下定的话这房子就很可能被别人买走，以后就很难再买到这种价位的好房子了。

若是客户仍旧不肯下定，也不要轻易气馁，最好问清楚客户一直不肯下定的原因是什么，再针对客户的回答制定相应的对策，力求一步到位，在客户购买欲望最强烈的时候敲定这笔交易。

正确应对示范1

客　　户：“我今天没带那么多钱，明天再来交定金吧。”

售楼人员：“王先生，没带那么多钱没关系，您现在可以先交一部分定金，把房号定下来。我知道您很喜欢这套房子，如果碰巧被别人买走了，岂不是非常遗憾？其余的定金，您明天再拿过来补上就可以了。”

（客户还是有点犹豫）

售楼人员：“王先生，这么好的房子，您该给它买个保障吧？要是被其他客户先买走了，那多可惜啊。”

客　　户：“行，我这里有1 000元，就先当定金吧，剩下的部分我明天补上。”

点评：只要交定金，不管多少，客户反悔的几率都会大大降低，因为没有谁愿意拿自己的钱去打水漂。

正确应对示范2

客　　户：“我今天没带钱，明天再来交定金吧。”

售楼人员：“这段时间我们楼盘正在做促销活动，很多之前观望的客户都纷纷出手购买了。您看中的这个户型非常畅销，如果被买走了不是很可惜吗？”

客　　户：“这我知道，可我现在身上没现金。”

售楼人员：“您是个大老板，肯定不会带太多现金在身上，您有带银行卡或信用卡吧，售楼处左拐直走10米左右就有取款机，我领您去吧，这边请！”

点评：营造房子抢手的气氛会帮助客户加快作出决定；而客户现金不够也不是问题，可以有好多办法来解决。总而言之，要尽量说服客户下定，才能稳住客户犹豫不决的心。

情景81：现在就买的话还有额外的优惠吗

客户对于折扣和优惠永远不会嫌多，即便已经在心里作出了购买决定，但在付款之前，还是会习惯性地要求更多的优惠，为自己争取最大的利益。通常他们会以现在立刻购买为理由，要求额外的优惠。就差一步便能达成交易，售楼人员要怎么处理才能让客户心甘情愿地落定呢？

错误应对

1. “对不起，不可能再优惠了。”

点评：这样回答明确地拒绝了客户的请求，没有给自己留任何余地，一旦客户不认可，这笔生意可能就无法成交了。

2. “这已经是最大的优惠了，您可不能得寸进尺啊。”

点评：客户毕竟不是朋友，这种容易让对方伤自尊的玩笑话最好不说。

3. “不好意思，这已经超出我的权限了，我无法作决定。”

点评：这样回答容易让客户误认为你是在暗示他找上级领导可以得到额外的优惠，从而在无形中提高了客户对优惠的期望值，给交易增加难度。

情景解析

客户在最后时刻提出额外优惠的要求，说明客户并非对楼盘或价格不满意，只是习惯性地想要争取更多利益。这时候售楼人员一定要保持冷静，即使这位客户很爱占便宜，也不能表现出不满或不烦恼的样子，更不能说一些刺激客户的话，让客户感觉没有面子。

处理这类时异议时，售楼人员一定要有耐性，坚守原来的价格一点儿都不能让步，否则会让客户觉得其实里面还有很大的“水分”，会想要无休止地“挤”下去，反而给销售增加麻烦。当然了，最好也不要一点儿好处都不给，售楼人员可以表现出一副为难的样子，同时表示可以努力向上级争取，这样就算没有拿到额外的优惠，客户也不会太让你为难。如果条件允许，就为客户提供一些成本不高的赠品或者售后服务，以表示对客户的尊重和重视，作为鼓励客户立即成交的心理补偿。

正确应对示范

客　　户：“如果我现在就买的话，还有额外的优惠吗?”

售楼人员：“王先生，这真的让我为难了，您也知道，我们公司所开发楼盘的品质在本地是口碑最好的，也是最受欢迎的。您看中的这套房子不论朝向还是楼层都非常不错，我给您的这个价格已经很公道、很实在了，所以价格上我真的没有办法让步，请您一定要谅解。”

客　　户：“实在不行，送我些赠品吧，你们之前才送我半年的物业管理费，干脆送我一年得了。”

售楼人员：“王先生，我也很想多送您半年物业管理费，但这个我真的没法做主，我只能尽力为您争取一下，您稍等。”

（去请示领导，五分钟后回来）

售楼人员："王先生，我磨了经理半天，经理好不容易才答应了。他说如果您今天能立马下定的话，可以送您一年的物业管理费。这种好事，您可别跟其他客户说，否则他们个个都来找我，我可招架不住。"

客　　户："好，没问题。"

点评：无论买什么，买家总希望能以最小的代价得到最大的利益，尤其是买房子这种动辄上百万元甚至几百万元的大交易，自然是能省多少是多少。售楼人员一定要及时对客户的这种无底线的降价要求喊停，即使可以给一些小的优惠，也要尽量表现出你的无奈，即便客户最终无法得到预期的优惠，他也会更有满足感。

情景 82：我的预算不够，还是过段日子再说吧

计划买房的客户，在看过楼盘对房子满意之后，回家肯定把总价、首付、月供、契税等里里外外算了个遍，剩下的就是到售楼处和售楼人员进行价格谈判，最大限度地为自己争取折扣和优惠。在临近成交的一刻，有些客户却仍然还会表示："我的预算不够，过段时间再说。"聪明的售楼人员都知道这是客户的推托之词，可是又该怎么化解呢？

错误应对

1. "您这么有钱，怎么可能连这点预算都没有？"

点评：这样的回答讥讽意味太重，客户听了会觉得不舒服，不利于沟通的顺利进行。

2. “您是不是嫌价格高了呢？”

点评：这样的回答是在暗示客户还有让价空间，容易使自己陷入新一轮的价格异议处理中。

3. “那我为您推介一套面积比较小的房子吧，您看行吗？”

点评：没有经过努力就转向其他户型的推销，是消极应对的表现，你之前的推介和努力都将付之东流，而且，有些客户还会认为你是在轻视他，从而心生不悦。

情景解析

一般情况下，客户表示预算不够，和客户说要回家考虑或者与家人商量一样，都是推托之词。一是为了拖延时间，让自己对楼盘有一个更为全面的了解，以免作出错误的决定；二是为了获得更多的利益，希望售楼人员会主动让价，给出更低的折扣或优惠。当然，也不排除客户真的是预算不足。

处理该异议时，首先要问清楚客户，究竟是什么原因致使他犹豫不决。如果客户是想要对楼盘有一个更深的了解，是会直接讲出来的。那么售楼人员要针对客户有疑问的地方，进行更为详细的解说；如果客户是想获得更多的利益，会显得比较不安或者拘谨，但还是会把要求提出来。是否满足客户的要求，要看现在的价格是否已经到了公司规定的价格底线。若是还有退让的空间，在一番议价之后可以稍作让步。若是已经没有退让的空间，便要坚守价格，从楼盘的优势和价值来说服客户。如果客户真的是因为预算不足，那要搞清楚是总价超出了预算还是首付款预算不足，再根据客户所说的问题与客户一起分析探讨，寻求解决之道。比如，如果客户月供不足，则可以建议他延长贷款年限（当然要在银行政策允许的范围内）。

在与客户交谈的时候，售楼人员切不可表现出急切的样子。客户一旦看到你如此急于想把房子卖出去，会怀疑其中有猫腻，更加不敢立刻作出购买的决定。

正确应对示范1

客　　户：“我的预算不够，还是过段日子再说吧。”

售楼人员：“王先生，我们都接触这么久了，也算是朋友了。没关系，您直接说，是真的预算不够还是有其他疑问呢?”

客　　户：“我家人都觉得这个价格太高了，让我再考虑考虑。”

售楼人员：“王先生，单看这个价格您说它高我没意见，但是结合我们楼盘的档次和品质来说，这真的是一个非常实在的价格了。俗话说千金难买心头好，我感觉得出来，您对我们楼盘还是挺满意的。”

客　　户：“你每平方米再给我降100元，我知道你有这个能耐。”

售楼人员：“王先生，您可真太抬举我了。实话说，这个价格是不可能拿得到的。如果您真的有心想买，今天就能落定的话，我可以替您向领导争取一下，看能给您降多少。但是我不能保证肯定能降，更不能保证每平方米降100元。”

客　　户：“行，你可要尽量帮我争取。”

点评：**面对客户“预算不够”的说辞，售楼人员首先要做的就是判明其犹豫不决的真正原因，只有这样才能对症下药、有的放矢。同时，在帮客户争取利益时，要尽量表现得很为难，这样一来客户的心理就能得到最大限度的满足，不管最终能不能争取到他要求的优惠，他都不太可能再难为你。**

正确应对示范2

客　　户：“我的预算不够，还是过段日子再说吧。”

售楼人员：“张先生，据我观察，您对我们楼盘还是挺满意的，您是不是有什么其他原因？还是我的服务不到位?”

客　　户：“确实是预算不够，有些款项还没有收回来。”

售楼人员：“这样啊，那我建议您可以采取按揭的形式。现在银行利率并不高，尤其是住房按揭的利率是所有贷款中最低的。这样一来，您不但不会耽误现在买房，而且还多了一笔活动资金。您的款项收回来后，想马上还银行也未尝不可。”

客　　户：“那也行，就先按揭吧，到时再看情况要不要提前还款。”

点评：客户如果确实是资金方面出现了问题，售楼人员也不能就此打退堂鼓，变换付款方式的建议会让客户眼前一亮，难题也就迎刃而解了。

情景 83：客户带了一群人前来看房，意见不统一

错误应对

1. 抓住有决策权的人，对其进行重点说服。

点评：一大家子人同来看房时，售楼人员对每个人在购房过程中所扮演角色的分析就显得尤为重要。若购买决策者与使用者是同一个人，这种方法相对有效，但有时决策者与使用者不同，这时也要照顾使用者的意见，同样对其进行重点说服。

2. 重点说服使用者。

点评：这样做的前提是使用者有购买决策权，否则需要重点说服的还有具有决策权的人。

3. 重点说明掏钱的人。

点评：一般情况下，掏钱的人就是作决策的人，但有些客户买房是送给父母或者儿女的，他们往往根据住房使用者的意见来作决策。

情景解析

准确地找到真正的购买决策人是成功接待一大群人的关键。找不到关键人士，只能是事倍功半。对于家人陪同来看房的，首先要搞清楚谁是掏钱人、谁是使用人。通常来说，使用人是最有发言权的，当然掏钱人也是不可小视，毕竟掌握了经济命脉的人说话还是有一定分量的。为此，你需要先搞清楚他们购房的目的，以及受益人是谁。

此外，在客户一家人意见不够统一的情况下，售楼人员最好能找一个“同盟”，改变自己势单力薄的不利局面。即先博得一方的好感，然后利用这个人去说服尚处于犹豫中的其他人。

正确应对示范1

售楼人员：“陈先生，这套房子是买给您父母住的？”

客　　户：“对啊，我在北京工作，父母不愿意去那么远的地方，干脆就在家乡给他们买套房子养老了。”

售楼人员：（对陈先生）“您可真是个孝子，您父母有您这样的儿子真的是很幸福。”

售楼人员：（对陈先生父母）“伯父伯母，这个小区的环境还不错吧？我们市内没几个小区有这么大的花园和活动场所了，而且这里还住着很多退休老干部，大家每天一起参加文娱活动、一起聊天，多好啊。”

点评：售楼人员要分清不同人所扮演的不同角色，然后区别对待：对掏钱的人适当恭维，这会让他在付钱时更加地心甘情愿；对房子的真正使用者，则强调小区能给他们带来的最大利益，让他们在作购买决定时更加痛快。

正确应对示范2

售楼人员：“陈先生、陈太太，你们觉得这套房子怎么样？”

客　　户：（男）“别的还好，就是面积太小了。”

客　　户：（女）“面积小怕什么，我觉得它的格局挺好的。”

售楼人员：“陈先生、陈太太，你们真甜蜜，互相尊重，着实让人羡慕。陈太太，刚刚听您说，你们准备要孩子了？”

客　　户：（女）“是啊，太晚要孩子可不好。孩子一出生，费用可就大了，还是得省着点儿花，多攒些钱，我可不想生了孩子后天天为钱发愁。”

售楼人员：“那也是。我一个小姐妹年初刚生了孩子，现在每个月光给小孩买奶粉都要上千元呢。”

客　　户：（女）“对呀，养个小孩太费钱了，所以我想还是先买套小点的房子，不要给自己太大的压力，以后有了钱再换大房子呗。”

售楼人员：“这个想法是对的，现在的新婚夫妇买房更多的是为了过渡用，并不是说一辈子就要住这样的房子。当然了，男人都希望房子能够气派些，这也是可以理解的，不过我想还是先稳重些好。陈先生，您太太这是体贴您，听她的不会有错的。”

客　　户：（男）“好吧，她喜欢小的就小的吧。”

点评：同行的人，比如夫妻双方，如果同为决策者，售楼人员也不能乱了阵脚。要知道，不管看似多么平等的关系，多多少少还是会有差别的。只要你能巧妙地运用话术，站在天平稍稍偏向的那一方，客户的决定也就应运而生了。

情景 84：客户带朋友前来一起看房，担心客户受朋友影响

错误应对

1. 对陪同前来看房的朋友不予理睬，只抓住客户本身。

点评：既然客户会带朋友前来一起看房，就说明该朋友的意见会对其购房决定产生一定影响。如果忽视了陪同的朋友，容易导致陪同的朋友制造“购买障碍”。

2. 对陪同前来看房的朋友十分热情，对其意见非常重视。

点评：这种做法有些本末倒置的意味。客户跟朋友的观点相一致时还好说，倘若两者的看法不一致了，你的这种做法只会加剧客户的担心。

情景解析

通常情况下，客户能够带朋友来一起看房，说明他的这位朋友应该还是懂一点房地产的，或者他有买房的经验。既然客户请他做参谋，那么他的意见对客户是会产生一定影响的。为此，售楼人员在重点说服客户的同时，千万不能怠慢了他身边的这位“参谋”。

最好的方法，就是给足这位“参谋”面子，比如夸他“您的朋友真是位专家”、“我从来没有碰到这么懂房产的人”。即使他的意见不完全正确甚至是不懂装懂，你也不要毫不留情地揭穿他，而是要给他留足面子。这样，他才会对你有好感，不会故意阻碍你的销售活动。

正确应对示范

（客户王先生带了朋友刘先生前来看房，售楼人员小陈接待了他们。在看房时，王先生时不时地征求刘先生的意见。）

售楼人员：“王先生，您觉得这套房子怎么样？”

客户（王先生）：“我看还好，小刘，你觉得呢？”

客户（刘先生）：“朝向不错，但是户型设计不够好，次卧那个观景阳台基本上用不到，前面的大楼基本上把阳光挡掉了。如果能封起来，给你孩子弄个书房倒是不错。”

售楼人员：“看来，您的朋友真是位专家，我还没碰到这么懂房子的人。”

点评：陪同者的意见只要不关乎买卖，经纪人都应该给予适当的赞美，因为一般人都是喜欢被吹捧的，陪同者听到赞美心里受用，也就不会再在小细节方面多做挑剔，甚至会站在你这一边，充当起客户的说服者来。如此一来，客户就能更快地作出购买决定了。

情景85：客户带律师前来一起看房，担心律师从中作梗

错误应对

1. 处处提防着律师，一旦发现他说的话对销售不利，便立即制止。

点评：当律师发表一些关于法律方面意见的时候，售楼人员应该给予其应有的尊重，不要对他的“指手画脚”表示不满。

2. 担心得罪律师，觉得他是专家就什么都是对的。

点评：*在法律方面，律师就是专家，最好给予其应有的尊重，但是也不用过于心虚，被律师牵着鼻子走，这样是无法顺利完成交易的。*

情景解析

房地产交易风险很大，有些客户为了规避风险，会带着律师前来助阵，尤其是签合同的时候。

的确，在法律这方面，律师就是专家，你应给予其应有的尊重，不要对他的“指手画脚”表示不满。但是，也不用过于心虚，被律师牵着鼻子走，觉得他是专家就什么都是对的。要知道，平等是合同应遵守的一大原则，买卖双方的权利和义务应等同，而不是偏向某一方。因此，只要把握住合同的原则方向，同时抓住客户喜欢该房子的心理，就大可不必担心律师的干扰。

为了避免律师过多地影响客户的购买决定，你最好先获取他的信任与好感。在其指指点点的时候，你应虚心听取他的意见，对其专业性表示钦佩，然后再告诉他“从公平交易的角度来说，合同既要保证客户的利益，也要保证开发商的利益”，最后，再请教他“您认为我们应如何修改才能更好地保证双方的利益呢”。通常情况下，你的尊重和称赞会赢得对方同等的回报，他是不会过于为难你的。

正确应对示范

客　　户：“小王，我来介绍一下，这位是吕律师，水平很高的。”

售楼人员：“吕律师您好！您可真厉害，以前上学时我一直想上法学院，可惜考不上。以后如果还有客户想请律师或咨询法律方面的问题，我能否打电话给您，请您帮忙？这是我的名片，您能也给我张名片吗？”

律　　师：“呵呵，没问题。”

点评：首先，通过赞美获取律师的好感；之后，再以为其提供客户为由，让其等会儿嘴下留情。

情景86：客户虽然喜欢这套房子，却想再比较比较

错误应对

1. 顺其自然，让客户自己去比较。

点评：这是非常消极的表现，售楼人员要懂得掌控整个销售进程。顺其自然的结果通常是客户看上了其他房子，或者客户喜欢的房子被其他人买走，最终结果是售楼人员无法取得业绩。

2. 表现得很心急，一直催着客户成交。

点评：即便你心里很着急，也不能表现出来，一旦客户意识到这点，极可能借机压价，或者提出额外的要求。

3. 打电话给客户，谎称有客户看中了这套房子，要客户赶紧来交定金。

点评：现在的客户都十分精明，很难相信这种说法。

情景解析

客户很喜欢所看的房子，但表示还想要再比较，通常有以下几种原因：一是客户在其他楼盘也看到过中意的房子，可能是价格还没有谈拢，一时之间无法抉择；二是谨慎对待，想再比较几套房子，以免过早下决定将来后悔；三是客户在观望市场行情，还没有准备出手。

当遇到对房子表示满意却又想要再做比较的客户时，售楼人员一定不能轻易让客户长时间地比较，而是要适时地引导客户，让其意识到如果自己一再比较，就很容易错失良机。但是，正确引导的前提是要了解客户想再比较的原因，然后针对具体原因进行相应的化解。如果是第一种原因，在获得客户中意房子的资料后，对竞争楼盘很明显的优点应加以承认，同时以坦诚的态度告知客户竞争楼盘的一些不足之处；如果是第二种原因，则应以房子抢手为由，让客户把握时机下定，否则房子很可能被其他客户买走；如果是第三种原因，可以向客户分析市场情况，引用专家看法，表示现在正是出手的好时机。

正确应对示范

售楼人员：“吴先生，您觉得这套房子怎么样？”（发现客户对房子很满意）

客　　户：“嗯，还行。”

售楼人员：“要是没有什么问题的话，我们现在就可以办手续了。”

客　　户：“不急，我再比较比较。”

售楼人员：“吴先生，是不是您在其他地方看到过中意的房子？”（直接向客户探询原因）

客　　户：“不瞒你说，我前天在其他楼盘也看过一套房子，和这套差不多，我想多比较比较再决定。”

售楼人员：“方便说说是哪个楼盘吗？”

客　　户：“××小区，12楼，也是三室两厅的。其他都还不错，就是小区有点小。”

售楼人员：“××小区那边的地理位置也不错，挺繁华的，交通也很方便。那里的三居户型我也看过，挺方正的。但正如您所说的，那个小区确实小了点，只有五栋楼。小社区在绿化方面确实要差不少，缺少一些活动空间。像您家里有小孩，还是找个大社区更好，这样您可以经常带小孩到户外活动，和其他小朋友一起玩。”

客　　户：“是的，我也是这么想，所以当时就没马上定。”

售楼人员：“吴先生，针对您的情况，我个人觉得这套房子更适合您。它楼层好、户型方正、南北通透，而且我们楼盘还是个大社区，环境非常不错。”

客　　户：“是的，从小区环境来说，你们确实更好，就是不知道价格方面能不能再优惠点？”

售楼人员：“吴先生，这个价格已经非常实惠了。这样吧，我看您确实非常有诚意，如果您今天就能下定的话，我再向经理申请一下，看看能不能多送您一年物业管理费，这可是只有我们的老客户才享受得到的优惠。”

客　　户：“那也行。”

点评：**当客户提出要比较比较的时候，售楼人员最好不要轻易让客户自行和考虑去比较，否则很可能就会失去这位客户。对于客户提出的竞争楼盘，也就是客户所想要比较的对象，售楼人员应坦诚地向客户表示竞争楼盘的优缺点，当然重点是竞争楼盘的缺点，以让客户心中的天平向自己的楼盘倾斜。最后，为了尽快成交，售楼人员可以适当地予以让步。**

情景87：客户看上去已经动心了，但不知为何还是犹豫不决

在售楼过程中，售楼人员经常会遇到这样的情况：客户看上去已经动心了，但不知为何却总是犹豫不决。对此，售楼人员该如何做呢？

错误应对

1. 不着急，客户既然已经动心了，肯定会买的。

点评：**这样消极等待，通常结果就是客户在其他售楼人员的引导下买了别的楼盘。**

2. 苦苦逼订。

点评：不讲究方式方法的逼订只会适得其反，反而让客户更小心谨慎，不敢轻易作出决定。

情景解析

在客户下定购买决心之前，总会有一个最激烈同时也是最容易受客观因素影响的思想斗争过程。也就是说，客户在作最后的购买决定时，往往会由于某些方面的顾虑而表现出犹豫不决的态度。这时，他就需要借助他人的意见，以促使自己下决心。在这个抉择性的时刻，售楼人员的言行会对客户的决定产生重大的影响。因此，售楼人员千万不能采取“悉听客便”的坐等态度，一旦时机成熟，就应主动建议客户购买，以促使客户下定购买决心。请记住：我们不能被动地等候客户购买，而是要主动建议客户购买。

1. 提醒客户需求

客户购买的出发点是他有需求，而且楼盘的各项素质能满足他的需求。有时候，客户虽然已经表现出了一定的购买意向，但是他们可能仍然还有些犹豫。这时，售楼人员可以委婉地提醒客户的需求，比如：

“买了这里的房子后，您儿子就可以入读实验小学了……”

“这么安静的小区对您的父母安享晚年是非常有好处的……”

“区政府将来一搬过来，这里肯定很繁华，到时您一转手就可以挣几十万元了……”

记住，在提醒客户需求的时候，售楼人员要力求抓住客户最关心的问题，以达到事半功倍的效果。

2. 增强客户信心

在临近成交的最后时刻，客户通常需要售楼人员帮助他下定购买决心。在这关键时刻，售楼人员必须让客户充分了解这里的房子能为他们带来什么利益，最好能够强化客户特别满意的那方面优势，以增强客户的购买信心。

要记住，优点并不等于利益，关键是要把楼盘的利益与客户的需求相结合，让客户相信此次购买行为是非常明智的。比如：

“您看看，住在这个小区有××企业的杨总、××大学的张教授……”

“先生，您可真有眼光，目前小两居是市场上最紧俏的户型，前天有个客户一下子就买了五套小两居……”

“我们是大型开发商，实力雄厚，建筑质量绝对有保障，像××花园、××小区等都是我们开发的，相信这些小区的情况您也有所了解……”

……

3. 巧妙地试探询问

建议客户购买最好不要采取赤裸裸的形式，避免用那些诸如“我们现在就把合同签了吧”之类的令客户比较敏感的语言去催促客户成交。因为这些做法都会引起客户的不满，很可能会使最终结果与你的初衷背道而驰。

“试探”是一个比较合理的建议客户购买的方式，它让客户更容易接受售楼人员的建议。只要你认为客户对你的楼盘已经产生兴趣，你便可以试探性地建议客户成交。如果客户还没有决定要买，他是会明白告诉你的，这样可以使自己不至于错失良机。比如：

“定金您是付现金还是刷卡？”

“您想办15年按揭还是20年按揭？”

“来，我们到那边财务交一下定金。”

4. 引导客户作决定

犹豫是购买的正常现象。但是，售楼人员不能等待客户无止境地犹豫下去，对于一些没有主见、摇摆不定的客户，我们可以大胆地建议客户购买，以结束销售。

引导客户作决定时，应使用诸如“我觉得……”，“我认为……”之类较为委婉的语言，以一种建议的口吻去帮助客户作决定，尽力消除客户的警戒心理。

需要注意的是，引导客户购买不是让你替客户拿主意，更不是让你替客户承担决策责任。否则，一旦真正出现了问题，即使客户不追究你的责任，你也会因此失去客户的信任。因此，在帮客户作决定时，售楼人员不能说出“相信我一定没错”、“听我的，这一套真的很不错”这样绝对化的语言，而应该说“我建议……”，“如果我是您的话……”，以一种建议的口吻去帮助客户作出决定。

正确应对示范

售楼人员：“张老板，您是个生意人，我现在照实分析一下，您听了之后再衡量购买这套房子到底值不值，好吗?”

客　　户：“你说。”

售楼人员：“第一，您说过准备明年 2 月份结婚，我们楼盘是今年 11 月份完工，您根本不需要担心工期问题，完全有足够的时间装修；第二，现在正是我们的促销优惠期，如果现在不买，很可能房价又涨了；第三，这里离您上班的地方很近，您不用每天起早贪黑了，省下了不少宝贵休息时间。就从这些情况来看，我觉得您现在买这套房子是很明智的选择。”

点评：这是“富兰克林成交法”，其核心内容是：销售人员把客户购买产品所能得到的好处和不购买产品的不利之处一条一条地列出，用列举事实的方法增强说服力。它简单明确，并且容易理解，是销售人员成功销售的良好工具。

使用这种方法，就是要把向客户买房所得到的好处以及不买房的缺憾全部呈现在客户面前，促使客户下决心购买。这一招对较为理智的客户尤其适用，他们会认为我们只是在列举事实，没有吹嘘夸耀的成分，说服力较强。

情景88：打电话让客户前来下定，客户却三番两次推辞

有的客户对楼盘很满意，表示要过几天来下定金。几天过后客户并没有如约前来，打电话过去让其来售楼处签约，他却总是找各种理由搪塞，如“最近比较忙，等有空了再来找你”、“交定金不急，我过两天就去”、“我还是得多考虑考虑”等。面对这种一拖再拖、考虑完了又考虑的客户，售楼人员该如何对待呢？

错误应对

1. 打电话给客户，称有人也看中了那套房，要客户赶紧来交定金。

点评：这一招叫做“逼定”，售楼人员经常使用，但同时也是一种较为冒险的方法，因为一旦被客户识破，不但前功尽弃，而且客户也非常有可能就此中断与你的合作，最终落个鸡飞蛋打的下场。

2. 任由客户考虑，不予理会。

点评：顺其自然的结果通常是客户看上了其他房子，或者客户喜欢的房子被其他人买走。售楼人员一定要懂得掌控销售的进程与节奏，不论遇到什么样的状况，都要积极争取客户的认可，而不是消极地听之任之。

3. 三天两头打电话给客户，让其来售楼处签约。

点评：这样做等于骚扰客户，是最愚蠢的做法，它不仅影响了客户正常的生活，还容易引起客户的反感，使他更加不愿意来找你买房。

情景解析

对于这种一拖再拖的客户，首先要找出问题所在，然后分析原因，最后才能对症下药。客户犹豫不决肯定是有原因的，比如同时选中几套房，无法抉择；或还需要进一步的观察和了解，害怕过早下定会后悔；或感觉还有点不足，想再看看有没有更好的楼盘。

当客户离开售楼处后，主动权就掌握在客户手中了。在这种情况下，光靠打电话说服客户前来下定是很难的，而且在电话里很难把握客户的真实想法。因此，打电话给客户最重要的不是询问他为什么不来下定，而是要吸引他来售楼处。

如此一来，在电话中与客户的沟通就显得尤为重要，得讲究一定的策略。首先，得说好开场白以获得客户的好感，需要记住，打电话给客户时，切忌一开场就让客户前来售楼处下定，这样目的性太强，客户听了会不舒服，反而更不想前来；之后，再顺势切入主题："您上次说要再考虑考虑，这两天没见您来售楼处，请问您迟迟不能作决定，是因为我们服务不到位还是对我们楼盘有什么不满意的地方呢？"等客户回答后，再委婉地告诉客户，希望他能到售楼处来详谈，面对面地沟通比较容易解决问题。在挂电话之前，与客户敲定一个时间，加强客户前来的可能性。

正确应对示范1

售楼人员："王先生，您好！我是××楼盘的小李，可以打扰您几分钟吗？"

客　　户："有什么事你说吧。"

售楼人员："是这样的，上次您说还要再考虑几天，我想问一下您考虑得怎么样了？"

客　　户："我还在考虑中，等考虑成熟了再说吧。"

售楼人员："冒昧地问一句，您这样犹豫不决，是因为对我们楼盘不满意还是我的服务不到位呢？"

客　　户:“那倒不是，我太太在××楼盘看了一套房，和你们楼盘的那套条件差不多，我们这几天就在考虑这事儿。”

售楼人员:“买房是件大事，谨慎些是应该的。明天是周末，您和太太有时间来我们售楼处一趟吗？顺便把××楼盘的资料带来，我给您分析分析，毕竟干这行这么多年了，还能给你们提供一些有用的信息。买不买没关系，就算是交个朋友吧。”

客　　户:“那也好，明天我们去售楼处找你，你给我们分析分析。”

点评:**“买卖不成仁义在”，面对客户的一拖再拖，售楼人员应该表现出大度和淡定，这样一定会让客户对你刮目相看，而信任会是使你的分析和建议更容易被客户接受。**

正确应对示范2

售楼人员:“张先生，您好！我是××楼盘的小李，请问您现在方便讲电话吗？我有一些关于您上次看的那套房的问题想跟您商量一下。”

客　　户:“什么事？”

售楼人员:“是这样的，您上次说要回家考虑几天，我就帮您把那套房留下来了。最近有个客户有些购买意向，但您一直没来落定，所以我想问您，您是不是对这个单元有什么不满意还是有其他考虑？”

客　　户:“不满意倒是没有，只是听朋友说朝西的房子始终不好，太晒了。”

售楼人员:“张先生，这个问题之前我们也聊过。现在在电话里也说不清楚，后天就是周末，您方便来我们售楼处一趟吗？我们当面好好聊聊。”

客　　户:“行，那我周六下午过去吧。”

点评:**面对面地沟通会对实际问题的解决更有帮助，只要客户愿意接受你的邀请前来面谈，你打的这次电话就是成功的。**

情景 89：客户下定后迟迟不来签约，眼看就到约定期限了

一般情况下，客户下定后这笔交易算是基本上落实了，但是没有签合同就不算真正达成交易。有时候，客户在售楼人员的“逼定”下付了定金，但是回家后改变了主意，迟迟不来签约，并且快到约定期限了。出现这种情况，售楼人员应该怎么做呢？

错误应对

1. 三番两次地打电话，催客户赶紧前来签约。

点评：这种做法有骚扰客户的嫌疑，影响到了客户的正常生活，会引起客户的反感，通常会起到相反的效果。

2. 并不重视，认为客户想来自然会来。

点评：这是非常消极的表现，不够积极主动，很可能就因为你的这种不作为，给了客户改变主意的时间和机会，让即将到手的生意跑掉了。

3. 威胁客户若是不按约定期限前来签约就属违约了，定金就无法退还。

点评：这种方法只能到万不得已的时候才能使用，客户迟迟不来签约一定是事出有因，首先要想方设法地解决客户的疑虑。否则客户即便来签约了，也心不甘情不愿，对公司的形象不利。

情景解析

客户下定后却迟迟不来签约，通常有以下几个原因：听到了不同意见，如房子买贵了、楼盘质量不好、开发商信誉差等，有了后悔之意；资金吃紧，想通过晚签约以拖延付款时间；适逢市场大势向下，房价走低，打算退定或观望些时间。当然，也有

可能只是因为事务繁忙，无意间忘记了。

由于客户已经付了定金，而定金有一定的担保作用，所以主动权掌握在售楼人员手上，有较大的谈判砝码。虽然如此，为了让每一位购房者能够满意，售楼人员还是不能用强硬的语气要求其前来签约，而应该打电话进行咨询，想办法了解到客户迟疑的真正原因。有必要的话把客户约到售楼处聊聊，进一步向其展示楼盘的价值和利益，坚定客户的购买决心。如果客户在电话上仍旧推托，那么可以告诉客户，如果在合同约定的期限前不来签约，定金就无法退还，唤起客户的危机意识，促使其赶紧到售楼处签约。

客户到售楼处之后，应先针对他的疑虑给出满意的答复，尽量保持客户不退定。当客户被说服后，最好立刻要求其签订商品房购销合同书或者补充协议书等。

正确应对示范1

售楼人员：“王先生，您好！我是××楼盘的小李，可以打扰您几分钟吗？”

客　　户：“哦，有什么事你说吧。”

售楼人员：“王先生，请问您什么时候来售楼处签合同？您定的那套房，签买卖合同的期限快到了。”

客　　户：“哦，再让我考虑几天吧。”

售楼人员：“王先生，您之前看房的时候对这套房很满意，可以告诉我您还有什么疑虑吗？”

客　　户：“我朋友都说你们的房子地段不好，这个价不值。”

售楼人员：“王先生，您之前也来我们楼盘看过，了解这个地段的升值潜力。您的朋友如果有疑虑，可以请他和您一起来售楼处，我们把市规划局的规划图给他看。”

客　　户：“这……”

售楼人员："是这样的，王先生，因为您已经交了定金，协议书上面有规定，如果您未能在交完定金后一周内来签约的话，就需要支付××××元的违约金。您看这两天方便么，和朋友一起来，再考察下我们楼盘，到时候再作决定，您看怎么样？"

客　　户："行。"

点评：当客户提出延迟签约时，虽然说理在我们这边，但也没必要一开始就咄咄逼人，否则很容易破坏和客户之间的良好关系。要知道，我们的目的是为了让这次交易顺利完成。售楼人员要探询事情的原委，并尽可能地想办法消除客户的疑虑，以期顺利实现签约。

正确应对示范2

售楼人员："王先生，您好！我是××楼盘的小李，可以打扰您几分钟吗？"

客　　户："有什么事你说吧。"

售楼人员："昨天您没来售楼处签买卖合同，请问您是有什么疑问吗？"

客　　户："你先帮我把签约日期延后一段时间，我再考虑考虑。"

售楼人员："王先生，真的很不好意思，不是我不愿意帮您，只是订购书上有规定，交完定金后要在一周内交首付并签买卖合同，如果您没有按期签约，就属于违约了，需要支付××××元的违约金。"

客　　户："协议是死的，人是活的，你就帮我延后几天。"

售楼人员："您这就难为我了，公司有规定，我们都要按照协议严格执行。您也知道，我们楼盘的销售情况非常好，而且又有其他客户表示对您的那套房很满意。如果您不能在下周一之前来签约，我们就有权自行处理该套房子了。"

客　　户："好的，我知道了，我会好好考虑的。"

点评：作为销售，有理有据是非常重要的。即使理在你这边，在回绝客户的不合理要

求时，也要做到有礼有节，而不能生硬地回绝客户。否则，即使最终结果是你赢得了交易，但从维护客户关系的角度来说，你已经输了，并且还会影响到日后你的业绩。

情景90：客户交了定金后却要求退房

有时客户交了定金之后会前来要求退房，他们大都并非对房子不满意，也不是因为自己的资金有问题，而是受到外界因素的影响，如市场经济环境、楼市房价涨跌等。面对客户的退房要求，售楼人员应该怎么应对呢？

错误应对

1. 未搞清楚客户退房的真正原因，便坚决告知已经交了定金就不能退房。

点评：这种做法太过于冲动和盲目，不但不能让客户打消退房的念头，反而会引起客户的不满，坚决要求退定。

2. 随意答应客户的退房要求。

点评：在没有绝对的把握前，就随意答应客户的要求或向客户作出承诺，到时候事情无法完成，客户会把所有原因归结于你，得不偿失。

3. 在售楼处公众接待区与客户争执。

点评：一般情况下，若客户的情绪较为激动，应把客户引至办公室或会议室进行接待。在公众接待区与客户发生争执会影响到其他客户，甚至影响他们的购买决定，同时也损害了楼盘的形象。

情景解析

接待前来要求退房的客户，有以下几个原则一定要坚守：不要在售楼处公众接待区接待这种客户，最好能在办公室或者会议室接待；搞清楚客户退房的真正原因，根据问题性质区别对待，能挽回的尽量挽回；向客户说明责任的归属，严格按照合同规定办事。

很多时候，客户要求退定并非对楼盘不满意，而是受到外界因素的影响，如适逢市场大势向下，房价走低，好多人都怕买房子买亏了，更怕买了之后再掉价，于是要求退定；下定速度太快，买过之后受身边人的影响认为房价高，从而要求退房；还有一种情况就是客户听到一些关于开发商的不利消息，认为自己上当受骗，因而前来要求退房。

在探知客户退房的真实原因之后，无论客户所提出的退房理由是否合理，都不能过于轻易地答应或拒绝客户的要求，而是要尽量说服客户，避免或挽回损失。如果客户是因为受经济形势的影响认为房价会下降，那么售楼人员要从专业的角度或引用一些专家说法，向客户分析房价的走向，表示降价的可能性并不高；如果客户是认为买贵了前来退房，那么售楼人员可用价格异议的处理方法，突出楼盘的品质和未来的升值潜力等，为客户展现楼盘美好的前景，向其展示这个价格和房子的价值是相符的；如果是因为听到关于开发商的不利消息，那么售楼人员应根据具体情况拿出事实依据进行说服。

正确应对示范1

客　　户：“小李，你马上给我办一下，我要退房。”

售楼人员：“王先生，发生了什么事？来，先不要着急，咱们坐下来慢慢说，您先喝杯茶吧。”（把客户引至经理办公室）

客　　户：“好的，谢谢。”

售楼人员：“是不是发生了什么事儿，您怎么突然想要退房呢？”

客　　户：“新闻都报道了，国家出台政策抑制房价，大家都说房价肯定得跌，我这房子还没买到手就贬值了，这不是亏大了吗？你就赶紧让我退房吧。”

售楼人员：“王先生，我们楼盘的情况您也是知道的，地段好，周边市政配套齐全，未来升值的空间非常大。其实这套房子您那么喜欢，价格那么划算，位置又那么好，退了不可惜了吗？如果您真退了，以后要再找一套自己喜欢的房子，不但麻烦而且可能花的钱比现在还要多，位置说不定还不如这边好呢。”

点评：遇到客户反悔的情况，售楼人员首先不能自乱阵脚，而应该先弄清楚客户要求退定的真正原因，只有这样才能对症下药、药到病除。不管是出于何种原因，售楼人员都应该努力说服客户放弃退定的念头，这期间要“软硬兼施”：一方面要再次强调房子的优势所在，使客户不舍得放弃此套房源；另一方面要搬出之前的协议，明确表示退定不仅会与好房子失之交臂，还会因此而损失更多。

正确应对示范2

客　　户：“小李，你马上给我办一下，我要退房。”

售楼人员：“王先生，发生了什么事？来，先不要着急，咱们坐下来慢慢说，您先喝杯茶吧。”（把客户引至会议室）

客　　户：“我听说你们开发商出了问题，这不是摆明在欺骗我们吗？”

售楼人员：“王先生，我想这之间肯定有什么误会。请问您怎么会认为我们开发商出了问题呢？”

客　　户：“我听说你们公司资金周转不灵，项目马上要停工了。”

售楼人员：“怎么会呢？我们公司根本不存在资金上的问题，项目运转得也非常顺利。您也知道，我们项目的销售情况非常好，已经回笼了三个多亿，怎么会资金周转不灵呢？”

客　　户：“那你们的工程怎么进展那么慢？边上的××楼盘和××楼盘都一天一

个样，小区都开始做绿化了，我们这边怎么一点动静都没有?”

售楼人员：“您可能误会了，这段时间项目进展比较慢，是因为我们正在安装水管和天然气管，因为我们采用的材料是××，比较特殊，为保证建筑质量，所以在安装上可能多用了些时间，不信我可以带您到施工现场看一下。”

客　　户：“哦……”

售楼人员：“这个问题也是我们工作上的疏忽造成的，如果能够及时向您说明情况，就不会有这些误会了。”

客　　户：“没问题就好，现在有不少开发商都是空手套白狼，我们自然会担心了。不过你这么一解释，我就放心了。”

点评：面对情绪有些失控的客户，售楼人员一定要把握好处理争议的方法，一定要将客户引导到相对独立的空间中去，这样既可以让客户冷静下来，将事情的前因后果表述清楚，也不至于影响到其他的同事、客户以及整个楼盘的形象。

第六章 点滴抱怨也要用心对待

情景91：客户一进门就大声嚷嚷，影响了其他客户

一套房子动辄几十万甚至上百万元，出现问题时客户的心里肯定不舒服，情绪相对来说会比较激动。有些客户会不管三七二十一，一进售楼处的门就大声嚷嚷，影响了其他客户，甚至引起围观。面对这种情况，售楼人员该怎么处理呢？

错误应对

1. 直接在售楼处处理问题。

点评：处理客户的投诉问题时，应该把地点安排在办公室、会议室或者专门的房间。尤其是那些一进门就大声嚷嚷、情绪激动的客户，一定要把他与其他客户隔离开，以免影响售楼处的正常接待工作。

2. 以强硬的语气和态度要求客户保持冷静，甚至与客户发生争执。

点评：这种做法并非缓和矛盾而是在激化矛盾，客户此时正在气头上，如果出现以上做法，等于火上浇油，让事情更加难以处理。

3. 不予重视，听之任之。

点评：让客户暂时冷静一小段时间是没有错，但是如果把激动的客户放在一边不予理睬，客户会认为自己没有得到尊重和重视，增添了客户的怨气，使局面更加难堪。

情景解析

作为一名售楼人员，把房子卖出去了并非万事大吉，还要学会做好客户投诉的处理工作。处理客户投诉时需要非常认真、谨慎，处理人当时的态度、行为、说话方式等都会对事件的处理结果有着至关重要的影响，有时候不经意的一句话都会对事情的

发展起着导火索的作用，使局面更加难堪、后果更加严重。

客户一进门就大声嚷嚷，说明此时客户的情绪比较激动，如果在售楼处的公开接待空间处理问题，势必会影响到其他客户，给售楼处的接待工作产生不利影响。因此，要请客户到办公室、会议室等单独的房间商谈，立即接受投诉并表示会迅速予以处理，让客户感受到自己受到了重视和尊重，这是处理客户投诉的一个前提步骤。

待客户的情绪和态度较为缓和之后，售楼人员还要学会做一个好的听众，耐心倾听客户叙述事情的原因。在倾听客户投诉的时候，不但要听他表达的内容，还要注意他的语调和语气，这有助于了解客户语言背后的内在情绪。在听了客户反映的情况后，要根据自己的理解向客户复述一遍，请教客户你的理解是否正确，这是向客户显示你对他的尊重以及你真诚地向他了解问题。在听的过程中，要认真做好记录，注意捕捉客户投诉的要点，准确把握客户所提问题，为下一步的调解打好基础。

正确应对示范1

客　　户：“你们开发商就是个骗子，我要退房！”（情绪激动，言辞激烈）

售楼人员：“先生，对不起，您先别着急，有什么问题我马上帮您解决。您这边请，坐下来慢慢说。”（引领客户到办公室）

售楼人员：“先生，您喝杯水，先不要着急，咱们慢慢说。”

客　　户：“谢谢！”（客户态度缓和了一些）

售楼人员：“先生，是不是发生了什么事儿，您怎么突然想到要退房呢？”

客　　户：“你们之前说好五月份交房，可是现在都二月份了，我听说天然气还没动工，五月底怎么可能交房，我可是要等着新房结婚用的。”

售楼人员：“我很了解您现在的心情，如果我是您，听到这种消息，也会有您这样的反应。事情是这样的……”

点评：客户前来投诉时，被认同、被理解的感觉会让其怨气消得七七八八，在这个基础上，客户才能将事情的前因后果表述清楚，售楼人员也才好对症下药、有的放矢。

正确应对示范2

客　　户：“叫你们经理出来，你们到底会不会做生意！”

售楼人员：“先生，您先别生气，有什么问题我们一定会全力解决的。您这边请，坐下来慢慢说。”

客　　户：“你给我闪开，叫你们经理出来，做了亏心事就不要怕大家知道。”（客户不依不饶）

售楼人员：“对不起，您先冷静一下，等我们把具体情况和原因调查清楚后，一定会好好处理，给您一个满意的答复。我们经理在开会，您先在经理室喝杯茶，我立刻去通知经理。”（适当拖延时间，让客户先冷静一下）

客　　户：“好吧。”

（告知经理后，自己先了解情况）

售楼人员：“我们经理还在开会，估计要十分钟后才来。您可以告诉我发生了什么事儿让您这么不愉快吗？”（询问客户事情原委）

客　　户：“……”

点评：面对怨气冲冲前来叫战的客户，售楼人员一定要冷静对待，不能客户要找负责人就直接带他去找，要知道，这个时候客户更需要一个相对独立的空间和一小段调整情绪的时间。

情景92：客户打电话投诉售楼人员服务态度差

很多购房者都曾表示自己买房之前售楼人员非常和善，但是房子买完后，售楼人员的态度就急转直下变得十分恶劣。部分客户便会就此打电话进行投诉，如果售楼人员接到这种投诉电话，该怎么应对才能让客户满意呢？

错误应对

1. 没有认真倾听客户的抱怨，随意敷衍。

点评：这种做法是不负责任的表现，只会令投诉的客户更加恼火。

2. 态度恶劣，言语间显得非常不耐烦。

点评：客户进行投诉时本身情绪就比较激动，这种做法无异于火上浇油，容易引发更激烈的矛盾，让客户觉得你们公司人人都是这种恶劣态度，从而有损公司的形象。

3. 不问清缘由，明显偏袒公司同事。

点评：不顾事情的真相而刻意偏袒同事，对楼盘形象有害无利，也会影响到楼盘在客户眼中的诚实度和可信赖度，可能造成其他合作机会的流失。

情景解析

客户对于售楼人员态度问题的投诉是很常见的问题，而这类问题不同于房子或其他有形的产品，没有办法提供确切的证据。即使是正常的服务方式和语气态度，也可能会因为客户性格、心理的不同而产生不同的反应。

在处理这类投诉时，售楼人员应避免感情用事，不要一味地袒护公司同事，而应该先仔细地听完客户的陈述，表达对客户的理解并道歉，把客户的不满遏制在投诉的开始阶段；有些客户情绪比较激动，可能表达不够清楚，你要适当地引导他，让其完整地表述事情的原委；期间要做好相应的记录，然后向客户表示会在一定时间内告知其解决的方法；最后要再次表示歉意，并感谢客户提出的意见。有一点需要注意，与客户交谈的时候，不能轻易作出一些承诺，以免到时无法兑现，反而会给客户留下更差的印象，进而影响公司的形象。

处理好客户的投诉，不但可以赢回客户的信赖，有利于培养客户的忠诚度，而且还能带来更多的销售机会，因为满意的客户就是我们最好的广告。

正确应对示范1

客　　户：“你们公司那个小李服务态度太差了。”

售楼人员：“小姐，对不起，请问您可以把事情的详细经过告诉我吗?”（询问事情发生的原委）

客　　户：“是这样的，我今天去你们售楼处送资料，你们的人员连理也不理。最后找那个卖给我房子的小李，对我也是爱答不理的，又要我把维修基金的收据给他们送去，还扬言今天不送到，明天就拿不了钥匙。我顺便问了下车位的问题，他竟然态度非常恶劣地让我自己看入住通知。我说能把物业的电话号码告诉我吗，结果他说了句‘不知道’就不再理我了，转过头和几个人聊天去了。”

售楼人员：“您说的是李××吗?”

客　　户：“是的，就是他，房子卖出去了就这态度，你们开发商可得重视，影响太差了。”

售楼人员：“小姐，发生这种情况我感到非常抱歉。您刚才反映的情况我都已经记下来了，我会马上报告公司，尽快展开调查。如果情况属实，我们一定会给您一个满意的答复。方便留下您的联系方式吗？我们会在三天之内与您联系。”

点评：接待客户的投诉时一定要保持理性的头脑，应该让客户看到你是站在一个中立的立场上来处理这件事情的，并且尽量给出处理的时限，这样才能让客户看到你的诚意。

正确应对示范2

客　　户：“你们售后服务人员的态度太差了。”

售楼人员：“对不起，请问是什么事情让您生气了？”

客　　户：“我才搬进来一个星期，就被你们的施工现场吵得每天都睡不着觉。我打电话给销售代表，他说要我问售后服务部，售后服务部的人又说要问工程部门的人再回复我。可是我都等了三天还不见回话，我就再打电话到售后服务部投诉，他们居然挂了我的电话，真是岂有此理！”

售楼人员：“很抱歉，您反映的情况我已经记录下来了，我们会及时展开调查，并作出初步的处理方案。工程施工的问题我会向公司反映，请留下您的电话，我们会在一个星期之内与您联系。非常感谢您对我们的监督与批评，我们今后一定会加强对公司人员的教育和管理，不让类似的事情发生。”

客　　户：“不是我爱找茬，你们是大公司，如果就这种服务态度，我都怀疑你们安排的物业管理是不是能让我们满意。”

售楼人员：“发生这种情况，我再次表示歉意。我一定会立刻通知相关部门，尽快调查清楚，给您一个满意的答复。谢谢您的来电，再见！”

点评：客户投诉时，由于情绪激动，可能会夸大一些情况，但就基本事实而言，客户一般不会无中生有。接待投诉的人员一定要表示诚挚的歉意，并表达一定会在短时间内核实情况，并给出处理意见。

情景 93：签订买卖合同后，客户无正当理由要求退房

许多购房者可能都会有这样的感受：入住后发现新居并不像原来开发商在广告上承诺的那么完美，或者受他人意见的影响认为房子没有那么好，此时购房者就会萌发退房的念头。但是客户并没有正当的退房理由，售楼人员要怎么处理这种情况呢？

错误应对

1. 不问清缘由，直接拒绝客户的要求。

点评：客户要求退房肯定是有原因的，虽然无正当理由，但是问清其背后的缘由，才能够据此采取相应的对策，尽量说服客户，将双方的损失降到最低。

2. 没有明确表明立场，让客户误以为有商量的空间。

点评：这种做法很容易让客户对退房抱有希望，认为还有谈判的空间，因而会不依不饶，给自己和公司带来不必要的麻烦。

情景解析

签订买卖合同后，出现以下几种情况的，购房者便可以要求退房：一是开发商延迟交付房屋；二是开发商在没有商品房预售许可证的情况下预售房屋，在规定的期限内开发商仍未取得商品房预售许可证的，购房者可以要求退房；三是开发商与购房者签订的商品房买卖合同无效，购房者可以要求退房。

如果客户提出的理由不符合以上任何一种情况，那么其退房一般来说是没有正当理由的。售楼人员首先要问清客户退房的缘由，无论这个理由是否合理，都不能过于轻易地就答应或拒绝客户的要求，而是要尽量说服客户，避免或挽回损失；其次，用

法律条款约束客户，告知客户没有正当理由是无法办理退房的。如果客户仍旧坚决要求退房，则告知其要按照合同规定的条款来办理。

正确应对示范

客　　户：“你们开发商就是个骗子，我要退房！”（客户情绪激动，在售楼处大吵）

售楼人员：“小姐，您先别激动，有什么事情我们坐下来慢慢说，好吗？”

客　　户：“赶紧地，把退房手续给我办了！”

售楼人员：“您前几天才签的购房合同，为什么突然想退房了？能告诉我原因吗？”

客　　户：“我不想要这处房子了。少啰嗦，我要退房！”（客户有些歇斯底里）

售楼人员：“这样吧，您先到贵宾室坐会儿，喝杯热茶，我去请我们领导为您解决问题，您看这样行吗？”

点评：面对情绪失控的客户，售楼人员一定找一处相对独立的空间来进行接待，以免给其他的同事和客户带来负面影响，同时也要竭力平复客户的情绪，实在无法掌控局面时，一定要及时向上级汇报，避免事态的进一步恶化。

情景94：房价下跌，客户要求退房/补差价

为了鼓励潜在客户出手购房，曾经有开发商打出“价格承诺保障计划”的招牌，承诺若房价下降，公司将会为购房者补偿损失。尽管有个别开发商出这种卖楼新招，但是因房价下跌愿意补差价或退房者少之又少，谁愿意把已经得到的利益吐出来？况且这也缺少足够的法律支持。但是，有些客户根本不会理会这些，他们认为房子刚买回来就贬值，自己的利益受损了，就应该由开发商补偿。面对这种情况，售楼人员要如何应对呢？

错误应对

1. “如果房价上涨了，您肯把差价给我们吗?”

点评：这种说法要表达的意思没错，但是只是告诉客户结果，而没有告诉客户为什么是这个结果，客户很难信服，是无法解决问题的。

2. “您是无理取闹，就算告上法庭也没用。”

点评：这样回答显得有点得理不饶人，而且试图拿法律来“堵”客户的嘴，很可能会起到反效果，引发客户不满，造成更加严重的后果。

3. “买房跟炒股一样，都有风险的。”

点评：这种说法的确没错，但只是直白地告诉客户面对结果，没有任何作用，无法解决问题。

情景解析

买房从某种层面上来说就是投资，既然是投资，就面临着风险。特别是在变幻莫测的房地产市场环境中，房价有所涨跌是很正常的现象。而且，在房价下跌的时候让开发商来退房或补差价也缺少足够的法律支持。

在处理该问题的时候，售楼人员要注意从两个方面入手：一是用法律作为依据，表示法律上缺少这方面的规定，这种补偿差价或退房的要求缺少对等的经济关系，公司没有责任退房或者补偿差价；二是与客户讲理，表示这完全是违背市场原则，买房本身就具有一定的风险，这是连开发商也无法预料的。如果房价下跌就要求退房/补差价，那么房价上涨的时候，开发商也能向业主索要利润吗?

正确应对示范

客　　户：“小李，赶紧把这房子给我退了。”

售楼人员：“王先生，先不要着急，咱们坐下来慢慢说。”

客　　户：“我在你们这儿买了两套房子，才过去几个月呀，每平方米就降了200元，我这不是亏大发了吗？赶紧给我退了。”

售楼人员：“王先生，您是个行家，应该了解房价涨跌是很正常的事情。您买房投资，总是要承担一定的风险的。而且此次房价下跌，只是因为国家提高了二手房贷的首付，购房者一时处于观望状态才导致的，相信过不了多久楼市回暖，房价就回升了。”

客　　户：“我的资金都套在里面了，你们可不能‘事不关己，高高挂起’啊。”

售楼人员：“王先生，您这么说可就严重了，房价下跌我们开发商也承受很大压力。如果其他业主都像您一样，房价下跌了就来退房，那我们的利益不是没有保障了吗？说句玩笑话，如果房价涨了呢，您会把得到的利润分一些给我们开发商吗？”

客　　户：“您就通融通融，以后我多介绍几个朋友来找你买房。”

售楼人员：“王先生，真的很抱歉，不是我不想帮您，而是这不符合公司的规定。退一步来说，因为房价下跌就要求我们退房也没有法律依据，如果是房子的质量问题，我们一定责无旁贷，还希望您能理解。”

点评：面对客户的无理要求，售楼人员手中有道理和法律这两样利器，只要能心平气和地与客户交谈，就一定能取得良好的结果。

情景 95：客户投诉的问题不存在，根本是在无理取闹

售楼人员每天面对形形色色的客户，素质有高有低。有些客户理直气壮地前来投诉，经过调查后发现问题不存在，根本就是在无理取闹。这样的情况并不少见，售楼人员要怎么应对呢？

错误应对

1. “我们调查过了，这不是我们的问题，我们没办法处理。”

点评：表面看来这种说法中规中矩，没有错漏。但即使问题不存在，也不能让客户觉得你以一副无关痛痒的态度来处理他的投诉，这样不利于客户关系的维护。

2. “这种情况我也没办法，这不是我们的问题。”

点评：这种回答跟第一种情况很相似。即使客户投诉的问题不存在，面对客户仍需要保持应有的尊重，不能让客户觉得你是事不关己、急于推脱，这样也有损公司的形象。

3. “您这人怎么这么不讲道理呢，根本是在无理取闹。”

点评：硬碰硬只会让事态激化，用这种言辞去指责和辱骂客户，是非常不尊重客户的表现，也是非常不负责任的做法。这样非常容易引起客户的不满，甚至引起争执，让后果更加严重。

情景解析

在证实客户投诉的问题不存在时，售楼人员也不要把责任都推给客户，在任何时候都不要主动去激怒客户，你要做的是道歉与安抚，把客户的不满遏制在投诉的开始

阶段。有些售楼人员认为客户在无理取闹，自己主动道歉等于承认自己有错。其实，向客户说声“对不起”、“很抱歉”并不一定表明自己承认了错误，主要是对客户不愉快经历表示同情，以这种方式道歉既有助于平息客户的不满，又可以免于承担可能会导致客户误解的具体责任。

巧妙道歉之后，并不需要与客户讲什么大道理，完全可以把问题丢给客户，让客户主动说出自己想要如何处理，比如：“我能理解给您带来的麻烦与不便，您看我们能为您做些什么呢？”只要你能站在客户的角度思考问题，让客户感受到你真诚地在为他考虑，客户自知理亏，是不会过分为难你的。

正确应对示范1

售楼人员：“给您造成不便，真是对不起。不过您刚才说的那个问题，经过调查之后，责任确实不在我们。您是我们的老客户了，一定也知道只要是我们的问题，我们一定会负责到底的。”（向客户阐明调查结果）

客　　户：“我不管，反正我没错。”

售楼人员：“王先生，就好像你买把菜刀，切菜的时候不小心把手切伤了，难道责任就出在卖刀的人身上吗？根据合同规定，您提的这个问题不在我们规定的责任范围内，确实让我们很难处理，真的是非常抱歉。不过我个人还是很乐意帮助您的，您看我能为您做些什么呢？”（让客户知道自己理亏，继而让客户感觉你真心在帮助他。）

（经过沟通后，客户不予理会，坚持己见）

售楼人员：“王先生，您先别急，我现在请示一下领导，看怎么来帮您解决好这个问题，行吗？”（请领导出面解决）

点评：当不管你如何解释都毫无效果时，一定要及时向上级汇报，以免使事态恶化。

正确应对示范2

售楼人员：“王先生，我很了解您现在的心情。如果我是您，刚搬新家就出现这样的问题，也会有您这样的情绪。”

客　　户：“我这也太倒霉了吧……”

售楼人员：“我完全理解。您放心吧，如果是我们的问题，我们一定会负责到底。只不过您刚才说的问题，我们一时还无法解决，等我们把具体情况和原因调查清楚后，一定给您一个满意的答复，可以吗？”

客　　户：“好吧。”

售楼人员：“感谢您对我们公司的信任和支持，如果再有什么问题，您可以随时打电话给我，我会尽力帮助您的，好吗？”

客　　户：“好的，谢谢你。”

点评：时间是一服良药，它可以让情绪趋于平稳，有时候，时间甚至可以直接帮我们解决问题。

情景96：客户投诉的问题确实存在，并且是开发商的责任

虽然处理客户的投诉是一件令人不快的事情，但是从感情层面上来看，前来投诉的客户是因为信任公司、对公司还心存希望。如果开发商能够认真、妥善地解决他们的问题，这种信任度就会上升为对公司的忠诚度。那么，当客户前来投诉，经过调查证实该问题确实存在，并且是开发商的责任时，售楼人员应该怎么做才能让客户满意呢？

错误应对

1. 没有及时告知客户处理方案，让客户长时间等待。

点评：既然有了解决方案，就要尽快告诉客户，这是态度问题。一旦解决问题的时间被无故拖延，不论最终处理结果如何，客户都不会满意，而且拖得越久处理的代价就越高昂。

2. 轻易向客户作出超出自己职权范围的承诺。

点评：在弄清楚客户投诉的原因后，应该先考虑一下这个投诉自己是否可以处理，如果已经超出了自己职权范围，应该交给现场经理或上级领导处理。切记，售楼人员不能轻易向客户承诺，否则只会给自己带来更大的麻烦。

3. 把解决方案告诉客户后，无论客户是否接受都不再理睬。

点评：把解决方案告诉客户之后，如果客户有不明白或不理解的地方，应耐心、仔细地向客户说明，而不能不理不睬。

情景解析

每个投诉的客户都有自己特殊的要求，如果不认真了解他们的要求，只是想当然地处理问题，往往会适得其反，非但不能缓和矛盾，反而会激化矛盾。投诉的客户一般有以下几种需求：希望得到应有的尊重；希望立即解决问题；希望得到赔偿；希望惩罚过失人；希望开发商保证类似事件不再发生。

也许在开发商眼中，客户投诉的一些问题是小事，但是在客户看来却是大事。经过调查核实，发现客户投诉的问题确实存在并且责任属于开发商，那么就要立刻给出解决方案，并把该解决方案告知客户。如果是因为某些责任人导致的事故，应通过一些途径和方式惩罚这些人，给客户一个“交代”；如果是因为开发商的原因给客户带来了影响并造成了损失，在和法律顾问协商后，要按照公平原则适当给予赔偿。不论是个人原因还是公司原因，告知客户解决方案后，最好向客户保证类似事件不会再发生，给客户一个心理安慰。

若是客户对公司的处理方案表示不理解，售楼人员应耐心地解释说明，直至客户明白为止；若是客户对该处理方案不满意，售楼人员应表示会上报领导，把该问题转交给现场经理或其他领导处理。

正确应对示范1

（当面告知）

售楼人员：“王先生，非常抱歉让您来来回回跑了这么多趟。您说的那个问题我向公司反映过了，证实我们公司需要负一定的责任。经过公司领导研究决定，赔偿您60%的经济损失，并且免除您一年的物业管理费，您看这样行吗?”

客　　户：“怎么才赔偿60%的经济损失？我家里的墙面全部都粉刷过了，现在要全部重新粉刷，这耽误的时间怎么算?”

售楼人员：“是这样的，您说的那个问题，并非完全是因为我们的施工引起的，而是您的装修工人在粉刷墙面的时候，用了不符合规定的油漆，两者一结合，才导致墙面出现细微裂痕。关于这种情况，我们也咨询了公司的法律顾问，经过慎重研究后才给出了上面那个处理决定。”

客　　户：“算了，60%就60%吧，我也不想再折腾了。”

售楼人员：“王先生，我代表公司为发生这样的事情向您表示歉意，感谢您对我们公司的信任和支持，如果再有什么问题，您可以随时打电话给我们，我们会尽力帮助您。”

点评： *即使责任确实在开发商一方，售楼人员也要学会对客户进一步的无理要求说“不”。*

正确应对示范2

（电话通知）

售楼人员：“您好，请问是王先生吗？”

客　　户：“是的。”

售楼人员：“王先生，您好，我是××公司的售楼人员小李。您之前投诉说二期昼夜施工，影响了您的正常作息，我代表公司向您表示诚挚的歉意。经过领导研究，我们决定把施工时间调整到早上八点至傍晚六点。”

客　　户：“一大早就开始施工，还是会影响我们的正常作息。”

售楼人员：“给您造成不便，非常对不起。根据天气预报，过段时间会持续有一个月的台风天气，将严重影响施工进度。为了能保证工期，这几天才加快进度，通宵赶工。谢谢您对我们公司的信任，我们保证会严格按照该时间表施工，而且会注意降低施工的噪音，尽量不让业主受到干扰。”

客　　户：“好吧，也只能这样了。”

点评：一般来说，没有不讲理的客户。如果客户真的不讲理了，很有可能是你工作的方式方法出了问题。

情景97：客户投诉的问题确实存在，但客户的要求太高

在发生问题后，经过调查证实是开发商的责任，客户通常都会提出赔偿要求，这是很正常的。但是有些客户认为责任方在开发商，便提出一些额外的要求，超出了合理的赔偿范围。面对这种情况，售楼人员要怎么处理呢？

错误应对

1. 不管客户是否满意，按照规定给予赔偿，拒绝满足客户的额外要求。

点评：这种处理方式太过生硬，无法消除客户的不满情绪，容易导致客户寻求第三方机构进行投诉，为公司带来不必要的麻烦，也会给公司形象带来负面影响。

2. 交涉无果，便不予理睬。

点评：这种处理方法过于生硬，没有积极主动地化解客户的不满，很容易导致客户去寻求其他更具权威性的机构进行投诉，给公司带来不必要的麻烦，并且还会影响楼盘形象，使楼盘的美誉度下降。

3. 轻易答应客户的要求，或轻易作出承诺。

点评：处理客户的投诉，最忌讳轻易答应客户的要求或作出自己无法兑现的承诺，尤其是客户的要求不符合公司规定的情况下，这等于是让自己陷入被动局面，甚至有时会需要自己承担相关责任。

情景解析

对于客户过高的赔偿要求，售楼人员不能直接拒绝也不能随意答应。如果是自己职权内可以解决的，就尽快给出客户一个合理的解决方案，并向客户详细解释这样解决的原因。如果客户不肯答应，那么售楼人员应该“刚柔并济”：首先使用法律武器来保护公司的利益，向客户表示这样处理是符合法律规定的；其次，在必要时，给客户提供一些象征性的额外补偿，以弥补开发商的责任给客户造成的损失，例如赠送礼物、免除一定时限的物业管理费等，尽量将客户的损失降到最低，让客户的心理平衡。若客户软硬不吃或者该问题超出了自己的职权范围，那么售楼人员应把该问题交给上级领导处理，让客户暂时回家等候通知。

对于客户投诉的问题，现场经理或者上级领导处理起来往往会比售楼人员有效，或者说相对比较容易。这并不是说售楼人员能力不足，而是人们通常对职位高的人存有欣赏和信服心理，所以同样的问题职位高的人处理起来会比较容易。因此，碰到自己无法解决的问题，或者客户的要求太过于无理时，应该把事情交给领导解决。

正确应对示范

客　　户：“合同上明明写了6月30号交房，但你们却告诉我9月份才能交房，你们这不是欺骗消费者吗？我买的可是婚房，不能按期交房，你让我怎么结婚啊？”

售楼人员：“王先生，给您造成不便，实在很对不起。关于这个问题，按照合同规定，延期交楼按房屋总价的2%赔偿，您的房子总价是100万元，赔偿款就是2万元。我们会在近期内如实赔偿给您的。”

客　　户：“2万块钱就想打发我？我的婚期都被你们延误了，你们赔得起吗？至少要赔偿我5万元，否则我到法院那儿告你们。”

售楼人员：“王先生，您先别激动，2%的赔偿是合同里面规定的，您也是表示认可后才签的合同，这是具有法律效益的。”

客　　户：“我老婆都快跟我翻脸了，结婚的日子都订了，你说这叫怎么一回事？当初你可是跟我保证过一定能按期交房的。”

售楼人员：“王先生，真的非常抱歉，因为施工单位在工程进度管理方面出现了一点小问题，为保证建筑质量，监理部门要求整改。但是我们一直以来从未停工，现在每天都在赶进度，请您放心，9月份之前一定能让您住上新房。刚才我向经理反映了您的情况，经理也深感歉意，因此特地送您一年的物业管理费。您看这样行吗？”

客　　户：“那好吧，就这样吧。”

点评：当客户得理不饶人时，售楼人员一方面要坚决地拿起法律这件利器，让客户意识到自己的过分要求不受法律支持；另一方面，为了维系与客户的良好关系，也必须担起自己该付的那部分责任，多几次诚挚的道歉不会增加任何成本，而且还会让气氛更为缓和，有利于事情的及时处理。

参考书目

1　周帆．房子就该这样卖．北京：机械工业出版社，2010

2　王宏．房产销售人员超级口才训练．北京：人民邮电出版社，2010

3　范志德．售楼技巧——售楼人员的38堂必修课．北京：机械工业出版社，2008

4　陈信林，魏玉兰．像汤姆·霍普金斯一样卖房子．北京：人民邮电出版社，2010

《商品房销售超级训练手册（实战强化版）》
编读互动信息卡

亲爱的读者：

感谢您购买本书。只要您以以下三种方式之一成为普华公司的会员，即可免费获得普华每月新书信息快递，在线订购图书或向我们邮购图书时可获得免付图书邮寄费的优惠：①详细填写本卡并以传真（复印有效）或邮寄返回给我们；②登录普华公司官网注册成为普华会员；③关注微博：@普华文化（新浪微博）。会员单笔订购金额满300元，可免费获赠普华当月新书一本。

哪些因素促使您购买本书（可多选）

○本书摆放在书店显著位置　○封面推荐　○书名
○作者及出版社　○封面设计及版式　○媒体书评
○前言　○内容　○价格
○其他（　　　　　　　　　　　　　　　　）

您最近三个月购买的其他经济管理类图书有

1.《　　　　　　　》　2.《　　　　　　　》
3.《　　　　　　　》　4.《　　　　　　　》

您还希望我们提供的服务有

1. 作者讲座或培训　2. 附赠光盘
3. 新书信息　4. 其他（　　　　　　　　）

请附阁下资料，便于我们向您提供图书信息

姓　　名　　联系电话　　职　　务
电子邮箱　　工作单位
地　　址

地　　址：北京市丰台区成寿寺路11号邮电出版大厦1108室
　　　　　北京普华文化发展有限公司（100164）
传　　真：010－81055644
读者热线：010－81055656
编辑邮箱：pangweijun@puhuabook.cn
投稿邮箱：puhua111@126.com，或请登录普华官网“作者投稿专区”。
投稿热线：010－81055633
购书电话：010－81055656
媒体及活动联系电话：010－81055656　　邮件地址：hanjuan@puhuabook.cn
普华官网：http://www.puhuabook.cn
博　　客：http://blog.sina.com.cn/u/1812635437
新浪微博：@普华文化（关注微博，免费订阅普华每月新书信息速递）